*Fritz Deppert/Christian Döring/
Hanne F. Juritz (Hrsg.)*

*fische in blauem rauch
Literarischer März 18*

Fritz Deppert/Christian Döring/
Hanne F. Juritz (Hrsg.)

fische
in blauem rauch

Literarischer März 18
Leonce-und-Lena-Preis 2013
Wolfgang-Weyrauch-Förderpreise 2013

Mit Gedichten von Myriam Keil,
Sina Klein, Sascha Kokot,
Georg Leß, Marlen Pelny,
Tobias Roth, Katharina Schultens,
Levin Westermann, Uljana Wolf

In Zusammenarbeit mit der Stadt Darmstadt

Brandes & Apsel

Auf Wunsch informieren wir regelmäßig über das Verlagsprogramm:
Brandes & Apsel Verlag, Scheidswaldstr. 22, 60385 Frankfurt am Main
E-Mail: info@brandes-apsel.de
Internet: www.brandes-apsel-verlag.de
E-Books und E-Journals: www.brandes-apsel.de

Folgende Institutionen unterstützen das Erscheinen des Werkes:

Kulturfreunde Darmstadt gGmbH

literarisches Programm 160

1. Auflage 2013
© Brandes & Apsel Verlag GmbH, Frankfurt am Main
Alle Rechte vorbehalten
Lektorat: Volkhard Brandes, Frankfurt am Main
Umschlag: Felicitas Müller, Brandes & Apsel Verlag, Frankfurt am Main
Umschlagabbildung: Photocase Addicts, Berlin
DTP: Felicitas Müller, Brandes & Apsel Verlag, Frankfurt am Main
Druck: mdd ag, neu-isenburg, printed in germany
Gedruckt auf säurefreiem, alterungsbeständigem und chlorfrei gebleichtem Papier.

ISBN 978-3-95558-043-8

Inhalt

Christian Döring
Vorwort   11

Myriam Keil
kopierschutz   21
blendenöffnung   23
aus dem exil (– kein weg –)   24
tinnitus, tag eins   25
brandbeschleuniger   26
außenskelett   28
theatrum anatomicum   29
abschaffung der glühlampe   30
bodenproben   31
alle tage   32
taktung   33
in mir eine pflanze   34

Sina Klein
white   35
labor   36
sommertomaten   37
säfte   38
a bird disabled   39
statik   40
kokon   41
resonanz   42

zzz   43
prinzessin blaumund   44
symmetrisches delikt   46

Sascha Kokot
wie kannst du hier nicht staunen   47
noch lauern die Unwetter im Hochland   48
ein gleichmäßiges Raffineriefeuer in großer Höhe   49
komm ich zu dir   50
seit das letzte Gewitter dir alles näher heranrückte   51
dein Mund bleibt dir auch Wochen später leer   52
die Bilder gehen mir langsam aus   53
es leben Löwen im Untergrund   54
das Geröll ging dort oben vor Jahren ab   55
hinter der Nordkapelle der Oberleitung dem Betonwerk   56
ich schneide eine immer kleinere Form   57
hinter den Gärten   58

Georg Leß
ja anfangs   59
If Nancy doesn't wake up screaming she won't wake up
                                                   at all.   60
der Fuchs am Südkreuz   61
keine Abkürzung   62
maigrüne Leine   63
Holzhütte im Wald   64
Silent Night, Deadly Night II, 1987   65
die guten Obdachlosen   66
Flatterlied   67
Kondorlied   68
die Köchin isst nicht gut   69

Inhalt

Marlen Pelny
Walzer zu den Abendnachrichten   71
das Gedicht mit dem Alkohol   72
balancieren   73
die Idee von uns   74
wo du überall bist   75
Paris und du   76
unsere Worte   77
das letzte Gedicht   78
wir an der Luft   79
wir leben mit der schlimmsten Phantasie   80

Tobias Roth
Verschieden Purpur   81
Daunen und Firn   82
Die Blickrichtungen   84
Tantalus   85
Mauerkränze   86
Alexanderschlacht   88
Einige Tagwerke, frischer Mörtel   89
Ungeborene Wüstungen   91
Palais Waldstein   92
Mosaikstein   94

Katharina Schultens
hysteresis   95
   hysterese   96
   adhoc   97
   massive attack   98
   gewinnwarnung   100
   am boden der panik   101
   spinning tops   103
   bärenmarkt   105
   black marubozu   107
   hysteresis   109

alle väter zitterten oder waren fort   112
bin ich also eine müde laborantin?   114
dark pools   116

Levin Westermann
zerrüttung, taubenblau   117

Uljana Wolf
SPITZEN   129
   bei der occhispitze oder augenspitze wickelt man
                                   den faden   130
   the tatting shuttle oder schiffchen der augenspitze   131
   suggestion) it has also been suggested usw. unklar
                                   der ursprung   132
   in annan worten pine pattern collar in tatting
                                   is a name   133
   (ohr) is gossip a form of lärm wie dattern ist stottern
                                   stoßen   134
   will sie viel leicht sagen von dem alten dt wort dattern
                                   oder tattern   135
   oder will *freud* sagen (sagt er nicht) spricht man
                                   von nadel öhren   136
   heißt sie *süstikpitsi süstikpitsi* wiederhole die silben
                                   wie schiffchen   137
   »Aber dann auf einmal — prrr — schnell — presto —
                                        im Nu   138
   oder heißt in manchen ihrer mund oder landarten
                                       speichel   139
   u so wird das zsm gesetzt ein eintrag ist   140

Inhalt

Autorinnen und Autoren 139

Lektorat 144

Moderatorin und Jury 147

Lyriker im Dialog 150

Leonce-und-Lena-Preis 1968-2013 153

Christian Döring
Vorwort

»Es gibt hier Leute,
die mir eine glänzende Zukunft prophezeien.
Ich habe nichts dawider.«
Georg Büchner, Brief vom Oktober 1835

»Spannung beginnt immer und zuerst in der Sprache,
ehe sie sich gleich einer Welle, die Energie,
aber keinen Stoff überträgt,
auf die Sache hin fortsetzen kann.«
Juror Kurt Drawert

Wie immer beginnt alles mit einem spannungsvollen Ritual. Angesichts der klirrenden Frostgrade vor der Tür ist die wärmende Tombola-Geselligkeit bei diesem *Literarischen März* willkommen. Die Gewinnchancen sind diesmal auch erhöht: Von neun eingeladenen deutschsprachigen Lyrikerinnen und Lyrikern wird ein Drittel mit einem Preis (vulgo: Scheck) ausgezeichnet werden. Wir sind in Darmstadt, der Heimat von Georg Büchner (vor 200 Jahren geboren und natürlich zu wenig gelesen), dem Namenspatron dieser poetischen Tage, die in der Verleihung des Leonce-und-Lena-Preises gipfeln. Im März 2013. Wie bei Büchner: auch ein »Lustspiel«.

Und stimmt es nicht zumindest hoffnungsvoll, wenn hier, in der »Wissenschaftsstadt«, ein Oberbürgermeister, Jochen Partsch, zugleich Kulturdezernent ist und zum Abschluss dieser beiden Tage voller Poesie die Preisurkunden überreicht?

Mögen ein Wettlesen in Prosa, bekanntlich alljährlich am Wörthersee zu Klagenfurt in Existenznöte geraten und literarische Kulturinstitutionen wanken: Das alle zwei Jahre im Monat März stattfindende Wettlesen in Lyrik bleibt von all dem unberührt. Zum 18. Mal wiederholt sich an diesem 22. und 23. März ein erstaunliches Phänomen: Hundert Menschen hören konzentriert über Stunden Gedichten zu und verfolgen neugierig deren Auslegungen – nicht selten in subtilsten Verästelungen.

In Darmstadts Publikum, Resonanzkörper des Bühnengeschehens, macht sich niemand Sorgen um das Phänomen deutschsprachige Dichtung. Sie blüht nun schon über Jahre, und das nicht nur zum Schein, besonders produktiv unter dem Dach von engagierten Kleinstverlagen und verbreitet, kommentiert und feiert sich im medialen Netzwerk.

Und wie die digitale Kultur sich auch der Lyrik bemächtigt, so geht zum ersten Mal in der Wettbewerbsgeschichte diese Veranstaltung online: *www. literarischer-märz.de*

In Darmstadt möchten die aufmerksamen Zuhörer im Saal genauso wie auf dem Podium, wo die klugen Juryköpfe kommentieren, die Frage beantwortet wissen, was junge deutschsprachige Dichterinnen und Dichter mit ihrem gratis verliehenen Talent und mit den gemeinsam geteilten Zeiterfahrungen anzufangen wissen. Die immer wieder an den lyrischen Autor adressierte Frage: Wozu denn bitte Poesie? – und sollte nicht gerade deren Urheber sie beantworten können?, löst sich in der *Centralstation* des gedichteten Worts wie von selbst auf. Sie prallt ab an der Sprachschönheit so manchen Gedichts – und Verse mit dieser Eigenheit gab es in Darmstadt nicht wenige zu entdecken. Genauso wie neue Stimmen. Und deren Entdeckung beantwortet auch die Frage: Wozu denn bitte diesen Wettbewerb?

Seine ästhetische Überlegenheit gegenüber Prosa demonstriert das zeitgenössische Gedicht nicht zuletzt in seiner beständigen Selbstreflexion.

Und so haben die Veranstalter einen den Wettbewerb eröffnenden Resonanzboden in Form eines Gesprächs zweier Lyriker

Vorwort

über ihre Kunst, über die Erkenntnisweisen von Dichtung, vorangestellt. Der Lyriker Aleš Šteger, wie sein Gesprächspartner Jan Wagner ein Formvirtuose mit scharfem Blick auf die Welt, macht einen klugen Vorschlag, der über die Darmstädter Tage hinausweist: Dichtung sei das »Begehen unbegangener Orte« in einer »autonomen Intelligenzform«.

Ein slowenischer Dichter, der auch aus dem Deutschen übersetzt, und ein deutschsprachiger Lyriker, der die Tradition mit der Gegenwart verbindet und aus dem Englischen übersetzt – das hat dialogisch-lebendig, klug und unterhaltsam den Wettbewerbshorizont poetisch erweitert: Es gibt keine »gelungenen Gedichte« sondern allenfalls solche, die energetisch reicher, die überraschender sind in ihrer Kraft, sich risikoreich der Sprache zu überlassen.

Und das geschah während der neun Lesungen von maximal zwölf Gedichten überraschend häufig.

Nach Durchsicht der Kartonberge, gefüllt mit 469 Einsendungen (zwei Jahre zuvor waren es 482, vor vier Jahren 470 – der Pegelstand lyrischer Produktivität bleibt also gleichbleibend hoch; genauso wie regelmäßig der Anteil weiblicher Stimmen über den männlichen liegt), erhielten fünf Dichterinnen und vier Dichter die ersehnte Einladung, die von der nervenstarken und gelassen freundlichen Organisationsfee Kanita Hartmann wie immer vor allem in die Dichtungshochburg Berlin zu verschicken war.

Die lektorierende Vorjury (Hanne F. Juritz/Fritz Deppert/ Christian Döring) war so urteilsstreng wie das von ihr erwartet werden darf. Allerdings, das sei eingestanden, das lernfähige Lektorat war schließlich von sich selbst überrascht, hatte es doch dem »Jahrgang 2013« etwas skeptischer entgegengeblickt (und auch nur neun statt zwölf Teilnehmer wie vor zwei Jahren eingeladen), verwöhnt von dem damaligen »erstklassigen Konzentrat«. Allerdings wissen wir, dass das Gedicht auf dem Papier oft nur Partitur der dichterischen Stimme ist, die das Wort im eigentlichen Sinn erst zur Dichtung macht. Und das durften wir alle in

Aleš Šteger (links) im Gespräch mit Jan Wagner
Foto: Jürgen Hartmann

v. l. n. r.: Joachim Sartorius, Sibylle Cramer, Jan Koneffke, Insa Wilke,
Kurt Drawert, Ulrike Draesner. Foto: Jürgen Hartmann

Vorwort

v. l. n. r.: Oberbürgermeister Jochen Partsch, Katharina Schultens,
Uljana Wolf, Tobias Roth. Foto: Jürgen Hartmann

Katharina Schultens. Foto: Jürgen Hartmann

Darmstadt beim Vortrag der Preisträgerin des Leonce-und-Lena-Preises erleben.

Die diesjährige Kritikerrunde war so souverän wie das ebenfalls von ihr erwartet werden darf, und Sibylle Cramer, Ulrike Draesner, Kurt Drawert, Jan Koneffke und Joachim Sartorius übten ihr grenzgängerisches Amt (denn bis auf Sibylle Cramer urteilen hier Juroren, die selbst die lyrische Sprachkunst pflegen) in gelehrten Monologen und Exkursen in die Poetik so einfühlsam wie urteilsscharf aus. Der wirkungsbewussten Handwerklichkeit der zeitgenössischen Dichterinnen und Dichter wussten diese Handwerker der sublimen Interpretation zu begegnen. Sie wurden dazu zusätzlich angestiftet von der Moderatorin Insa Wilke, die profund informiert sowie professionell und poetisch beschlagen auftrat und mit rhetorischem Charme als Anwältin der Autorinnen und Autoren das kompetitive Bühnengeschehen behutsam lenkte.

Wo die Kunst aus aller Mechanik ausbricht, da ist die Lyrik mit ihren anderen Wahrnehmungen und der ihr eigenen Sprachlogik zu Hause, da wird das Verhältnis von Lebens- und Kunstwirklichkeit neu justiert – von all dem handelt auch Georg Büchners Lustspiel »Leonce und Lena«.

War es Zufall, dass die Preisträgerin *Katharina Schultens* in ihren Gedichten in wunderbarer Weise die Mechanik der New Economy zum Thema machte? Dazu verlieh sie ihren Gedichten eine Stimme, die rhythmisch und erotisch singend ihrem zunächst kalt gehaltenen und sachlich-spröde anmutenden Gedichtmaterial Sentiment beigibt.

Der geheimnisvoll »Hysteresis« betitelte Zyklus der 1980 Geborenen, die bereits mit ihrem Band »gierstabil« überraschte, gibt eine dantesk-satanisch irritierende Zustandsbeschreibung unserer ökonomischen Verhältnisse und beantwortet auch die dringliche Frage, wie Lyrik heute auf Gesellschaftliches noch reagieren kann. »Moderner und besser kann man keine Lyrik schreiben« – darin war sich die preisvergebende Jury schwärme-

Vorwort

risch und ehrfürchtig einig und begründete die Vergabe des mit 8000 Euro dotierten Leonce-und Lena-Preises wie folgt:

Ausgezeichnet mit dem Leonce-und-Lena-Preis 2013 wird eine Gedichtreihe, die auf mutige und innovative Weise ein Kernstück der zeitgenössischen Welt in Blick und Sprache nimmt: das unter das System der Wirtschaft gekippte Subjekt. Es spricht eine rhetorisch versierte globale Playerin, ein Ich zwischen Chart-Analyse und Spekulation, betrieben dank Herdendynamo, müde im Labor. Eine Frau, die – noch immer ungewöhnlich – alle präsentiert, die jedes Register zu ziehen weiß und doch ins Stottern gerät, wenn Liebe oder Gott herbeischleichen im Licht schwarzscheinender Marobozu-Kerzen oder wenn in dark pools Dantes Hölle heraufscheint vom löchrigen Grund. Da scheitert er, der Versuch, »zwischen-d-durch ja auch noch ein wenig mensch zu sein«, in Gedichten, die virtuos und präzise Bewegungen des Stürzens, des Versuchens und der Verkoppelung zwischen verspätetem Mensch und System zu zeichnen wissen. Der Leonce-und-Lena-Preis 2013 geht an Katharina Schultens.

Die beiden Wolfgang-Weyrauch-Förderpreise sind ebenfalls zusammen mit 8000 Euro ausgestattet und gingen an Uljana Wolf, die vielfach für ihre Gedichtbände und Übersetzungen ausgezeichnete Autorin, die in Berlin und Brooklyn lebt und die manchen als Favoritin galt, und an Tobias Roth aus München.

Was ein Gedicht ist oder sein kann, am originellen Werk von *Uljana Wolf*, 1979 geboren, lässt sich das studieren, und die Jury reagierte mit einem eigenen Laudationskunststück auf den vorgestellten Gedichtzyklus:

Den Wolfgang-Weyrauch-Förderpreis 2013 der Stadt Darmstadt erhält Uljana Wolf. Ihr Zyklus »spitzen« ist eine Antwort auf die Gründungsgeschichte der Psychoanalyse, deren Pioniere Männer waren, die bei Frauen in die Lehre gingen. Der narrativen, gleichwohl offenen, in Laut- und Letternspielen sprunghaft sich vorwärts bewegenden Schreibweise der Autorin gelingt das Kunststück, das historische Drama der enteigneten, dressierten, an Bewusstseins-, Sprach- und Sehstörungen leidenden bürgerlichen Frauen zu rekonstruieren und dieses Drama stickender, sich bei Kerzenlicht unterhaltender Frauen, die von Männern als schnatternde Gänse bezeichnet werden, zu überschreiben mit Hilfe einer jüngeren Stimme, deren Kommentar mitten in der Patriarchatskritik Witz und Leichtigkeit zeigt und aus der Dudensprache in die Freiheit einer höchst eigensinnigen Poesiesprache führt. Zugleich erinnert die Autorin an eine genuin weibliche Kunsttradition, deren Mythos Ovid in der Arachnegeschichte erzählt.

Das Bukolische seiner Gedichte, die sich nicht zuletzt aus der Malerei speisen, hatte es den poetischen Kunstrichtern bei *Tobias Roth* angetan.

1985 geboren, ist dieser Autor in seiner stupenden Vielseitigkeit ein gutes Beispiel für das intellektuelle Niveau zeitgenössischer Lyrik, der nichts mehr unmittelbar gilt, sondern die im kulturellen Gedächtnis zu ihrem poetisch-ästhetischen Augenblick findet, den sie in eindringlicher Schönheit festzuhalten weiß. Das lyrische Ich, staunte die Jury, erscheint hier als Kulturmensch:

> Die Geschichte als Erfahrungsstoff für Befindlichkeiten und Widersprüche der Gegenwart bildet den Hintergrund der Gedichte von Tobias Roth. Besonders starke Bezüge gibt es zur italienischen Malerei und zu antiken Vorbildern, so dass seine Dichtung ihrer Funktion als kulturelles Gedächtnis gerecht wird. Auf diese Weise gelingen ihm Reflektionen und Parallelfiguren von großer Eindringlichkeit und Schönheit. »Nichts gilt mir unmittelbar« heißt es in einem seiner Gedichte. Unmittelbar aber ist seine poetische Antwort. Tobias Roth wird dafür mit dem Wolfgang-Weyrauch-Förderpreis 2013 ausgezeichnet.

Und schließlich gab es noch einen vierten Gewinner: Levin Westermann, der den Wettbewerb eröffnet hatte mit einem langen hochmusikalischen poetisch-melancholischen Monolog eines aus dieser Welt Gefallenen. Auch ohne Preis ist Levin Westermann eine poetische Zukunft zu prophezeien.

Mittlerweile ist es auch schon Tradition geworden und spiegelt die Verflechtung der wichtigsten drei deutschen Lyrikinstitutio-

Vorwort

nen wider, dass die drei Preisträger anschließend nach Berlin und nach München eingeladen waren – zu den Kooperationspartnern des »Literarischen März«: in die *literaturWerkstatt* und in das *Lyrik Kabinett*, wo das Publikum dankend die neuentdeckten Stimmen aus Darmstadt kennenlernen durfte.

Myriam Keil

kopierschutz

stehst in der umgestellten zeit ein raum
mit wunden füßen sperrst die welt aus
das streulicht der radioanzeige
quillt am tisch vorbei ich habe nicht
sagst du ich habe wirklich nicht gewusst
wie es sich tanzen könnte ohne schuhe
die abgezählten worte für diesen tag
brauchen sich langsamer auf dann
an den hüftknochigen mädchen brombeer
blau ihre zungen und klebrig der traum

streiten um die liegeplätze der katzen
jeden tag aufs neue diese hand halten nur
festhalten am windigen licht kleine
schachteln gefüllt mit schätzen geliehen
das rütteln am dach die schulterblätter
wachsen in richtung sonnenbrand
klippenbrand nenne ich ihn und
sammle die zähne der letzten hundstage
im geräusch der überspielten kassette
trocken das aufbrechen der krusten

hörst die funksprüche lauter als nötig
liegst wach in diesen stunden rufst dann
nach den bordsteinen im gepäck
glaube ich nah an deiner wärme es könnte
dieses zuhause noch etwas weiter reichen
mein atem eine kopie an deinem hals
wir werden uns etwas großes vorstellen
die sichere seite des hauses auf einem
anderen kontinent oder reklame in neon
farben pulsierend auf unserem schlaf

blendenöffnung

über dem wasser kommt lange nichts, obwohl man
dort den himmel weiß, das strandgut konstant
durchwachsen von algen: eine glühbirne (100 watt),
die kein laden mehr führt, neben den üblichen
kalkgehäusen der weichtiere. man spürt
seine lungen stärker als sonst, die augen ohnehin
im versuch, weit draußen etwas vertrautes
auszumachen: eine einzelne möwe oder
eine sandbank, die noch genauso aussieht wie
vor zwanzig jahren, davor ein streifen meer,
dahinter lange nichts, obwohl man dort sehr sicher
den ozean weiß. aber die linse hält: den schmalen
meerstreifen vor der sandbank, sich abzeichnend
wie der arm jenes flusses, den man als kind
durchschwamm und dessen bild man heute abruft
als langfristig abgespeicherten rückblick, der in
verfälschten proportionen die erinnerung durchfließt.

aus dem exil (– kein weg –)

vor den worten kommt der tag ans licht
ein ausgezankter kinderkopf kein wunder
dass die läden immer früher schließen
zum erhalt einer erinnerung hier wo
nichts anderes hier wo nichts ist
als das warten auf uhrzeiger und die füße
der möwen stecken festgeschlagen im schlick
in den augen eine rote krankheit kein schiff
da ist kein schiff solange du hinsiehst

nie ging der atem besser durch die stirn
hindurch so flüssig mittendurch ein regen
schleppt sich über gräser weit davon
jetzt schon den dritten tag vor allem aber
diese runden diese kahlen tische
unverrückt vorm fenster und der sand
der sonntags sich in alle schuhe schleicht
vom salz getrieben steigen die wellen höher
so viel höher hinauf ohne navigation

– kein weg – auf diesen hinweis ist verlass
die dünen beulen sich als allergie ins land
hinein nicht jeder setzt noch auf die zeit
zum feinschliff harter steine hier wo
nichts anderes hier wo nichts ist
als das ende einer farbe – kein weg –
die flügel der möwen ausgebreitet in weißer
gischt da ist kein schiff solange du wegsiehst
nur wind im kopf der rote krankheit heilt

Rantum, Okt. 2008

tinnitus, tag eins

für Simone Kornappel

die ungeborenen kinder sind uns
abhanden gekommen wie der letzte schnee
während beim arzt die infusion durchlief
und meine hände immer kälter wurden
war ich durch einen vorhang von fremder
atmung getrennt das wollte ich dir
eigentlich erzählen doch ich vergaß
so vieles und wieder ging es nur um alles
was wir nicht bekommen können
als hätten wir es lang genug versucht
aber manchmal kommt plötzlich jemand
mit einer orchidee und ein anderer
macht keinen schritt du ahnst ja dass
ich morgen schon nicht mehr wissen werde
was mir nicht gut tut und dieser ganze shit
koexistiert doch nur in unseren köpfen
an dieser stelle dürftest du lachen und ich
vergessen dass mir vodka nicht schmeckt

brandbeschleuniger

füllen: die lücke im lebenslauf mit
einer tätowierung von der liebe, und
eine mutter, die sagt: von mir hast du
das nicht. an der straßenecke schließt
einer wetten ab übers zuspätkommen
mit sich selbst. happy hour zu jeder
vollen stunde neu, wer bist du, dass
keiner dir was kann, umgeben von
heiligen aus stein, zieren die zinnen
im scherenschnitt mit himmelblau.
das neueste projekt: aus dem tierheim
eine alte katze holen, gesundes essen.

die stadt mit der reptilienhaut greift
um sich, potenziert ihren gurrenden
flügelschlag, survival of the fittest.
man trägt sein kapital zur schau,
wo die schilderwälder des coffee to go
den blick versperren auf den dom.
sind erwachsen geworden, hört man
die leute schweigen, die ihre münder
taub werden lassen im kuss. wer hat dir
in den schlaf hineingeredet, wer hat
das feuer entzündet in der nächsten
exponierten wohnlage, aussichtspunkt.

nicht mehr aktuell, dieser stadtplan,
zeichnest du die straßen, die sich
eingeschlichen haben, hinzu. bis es
unauffällig erscheint wie die am körper

verteilten stigmata, von denen
du hoffst, sie würden nie entdeckt.
so fühlt sich das kind, wenn erstmals
ihm der rausch in den kopf steigt, dieser
leise takt, der die erkenntnis bringt
und die sucht. auf der rolltreppe
die falsche richtung nehmen, immer
gegen die gesichter, gegen den zorn.

passieren: die fenster hinter jalousien
in der mittagssonne, von zeit zu zeit
den mantel enger fassen. viel zu kalt
für einen späten märz, hier draußen
liest keiner sein buch ohne handschuhe.
zaungäste haben sich eingefunden,
in den augen: sei mein kampf, mein stiller
begleiter, sei, was immer ich mir erträum
in dieser stunde. was würdest du tun
an diesem hellen tag, der bleibt. vielleicht
suchen nach antworten, nur diese eine
finden: das wort, das niemals fällt.

außenskelett

im flur der gummibaum, das stolpern
über *was niemand braucht*, streiten um
katalogbestellungen. kein vogel mehr
im käfig, nur der kuckuck klebt
wie gestern. zäh die verluste, noch bleibt
dir ein fenster zum hof, ein platz
für die notdurft und das bett. mehr
als manch anderem, sagt jemand,
du hast glück. solange da noch atem ist
und ein versteck im mund, unter der zunge
der geschmack von humus, das knirschen
fremder schritte, so stellt man es sich vor.
dort endet jede sprache im versuch
der optimalen anpassung, dem wählen
einer dunkelheit im labyrinth, der panzer
ausgehärtet. in den wänden morsezeichen,
wenn man lang genug hinhört, *wem*
wollen sie etwas beweisen, die kakerlake
überlebt das ende der welt.

theatrum anatomicum

verstecke für brüche sowie anderweitig
gereifte beschädigungen, die richtung
eines geschmacks, kernschatten eines kusses
vor zwölf jahren. schon stechen die absätze
in den ohren ihren stöckeltakt, erinnern
nur an das geräusch von eh und je,
das märchen von den roten schuhen, tanz,
tanz weiter, bis du deine füße nicht mehr
haben willst. ein fluchtversuch, das sammeln
verirrter kassiber oder auch: mit diesem
ekel füllst du deinen schlaf. es heißt,
aus dem milchmorgen formt sich der tag,
der neue anschein einer glaubwürdigkeit
an geschärften rändern, die stille, schließlich
auch: die reine möglichkeit, jede gier
zu bezwingen mit dem werkzeug deiner wahl.

abschaffung der glühlampe

in diesem zimmer springt der mond
aus seinem schatten dein versteck war
jener stumme schrank er riecht so laut
nach dir wie du nun stehst im rücken fest
verankert mit dem fensterkreuz dahinter
ausgebrannt der himmel die überstrapazierte
idee einer landschaft aus ansammlungen
von einzelteilen und örtlich regen nur
durchbrochen vom beugen der laternen
an dein gesicht das scharfstellen
der schleichenden katzenkörper im grau

wenn die taschenlampen in der nacht
versagten kamen immer die gespenster
weißt du noch die schatten auf den wänden
unter das bett sahen wir nie und manche
dinge bleiben unverändert wie dein wandern
durch die räume vorm zubettgehen
ob auch jedes licht gelöscht sei die geräte
schweigen manchmal schließt du türen
zweimal dreimal zweifelnd dass du sie
bereits geschlossen hast noch heute
verweist du letzte gespenster dieses orts

bodenproben

ich streiche gern einzelne haare
aus deiner stirn und behaupte,
sie seien weiß. heute einmal
habe ich dir gesagt, es würde helfen
zu hoffen. die baumkrone vor deinem
fenster ausgemalt, die krankheit
befällt sie erst im sommer, spät,
doch sicher. ich wünschte, ich hätte
deine bücher gezählt und wüsste,
an welchem tag es wie viele waren.
manchmal stelle ich mir vor, in ihnen
nisten antworten auf alles. dann
glaube ich wieder an etwas und
analysiere stündlich den grad
deiner liebe, als wäre er ein indiz
für wörter wie morgen, ewig, uns.

alle tage

die löffel haben andere rundungen, passen nicht
in meinen mund. aber die pflanzen gewöhnlicher
als erwartet. ich kann nicht mehr ohne die glocken
der schafe. heute auch tagsüber der mond zu groß
am himmel: das stimmt so nicht, an jeder ecke
denke ich das. mir wachsen büsche aus den ohren
wie heu, der übergang von knorpel zu knochen
wird spürbar. auf der terrasse nun täglich ein toter
spatz, die aussterbenden arten setzen sich fort
in den gärten. was gäbe ich um das ausschwitzen
der lähmenden gifte, die in mir ihre kreise ziehen.

taktung

ich habe einen sonnenbrand, den nur ich
sehen kann, einen rotstich über den zähnen,
du würdest mich nicht erkennen ohne meine
streunenden katzen, die ich täglich mit mir
herumtrage. wenn es stürmisch wird zum
abend hin, lasse ich die fliegen ins haus,
die fensterläden schlagen in unbekanntem
takt, nebenan schritte aus einem material,
das mir niemand beibrachte. es kann nicht
lange dauern, bis das obst ausgeht wie alles
andere, die vögel am morgen meinen schlaf
nicht mehr unterbrechen. die fensterbänke
verbreitern sich über nacht, sie wachsen
bis zum fußende meines bettes, ich kann sie
nicht mehr umgehen, ohne mich zu stoßen.

in mir eine pflanze

die vegetation will mich täuschen, hier ist der mittelpunkt einer wüste, ein feiner roter staub, der meine hände färbt beim schreiben. ich steuere dagegen mit grünem schnaps, esse herabgefallenes von sträuchern und bäumen, in mir wächst schleichend eine pflanze heran, von der kein arzt wissen will. mithin erzähle ich von gefälligen dingen, so beschreibe ich die krankheit, ohne sie zu nennen. ich lüge selbst dann, wenn ich vorgebe, die unwahrheit zu sagen, das kommt von meiner pflanze, die ein johannisbrotbaum werden könnte, der mir aus dem magen bis in den rachen emporwächst oder vorerst unbemerkt zwischen den zehen hervorsprießt wie ein übelriechender pilz, über den man sich ausschweigt. regelmäßig inspiziere ich nun sämtliche gefährdeten teile meines körpers und befreie sie vom roten staub, unter dem das wachstum nach außen beginnen wird.

Die Rechte an den hier abgedruckten Gedichten liegen beim Horlemann Verlag Berlin

Sina Klein

white   *(Marie Darrieussecq)*

antarktis sei ein weiß das die profile frisst;
sie sah genauer hin, sie stellte fest:
in eiskristallen nistet zwilling ein als kern
(die weite glitzert, fern ein knistern)
dann bissen die facetten plötzlich zu –

labor

stell dir was perfektes vor, perfekt.

so überkam ihn die botanik kalt
und pink: die rose ruht im hort aus glas —
davor also der mensch platziert bezirzt,
und hinter ihm, da schwant ein laborant.

der laborant starrt beide an, notiert
im kittel auf den zettel was passiert:
es ist kein tier mehr da, nur dieser rest
von mensch, dabei an einer rose zu krepieren.

bin tagelang im bild schon, wie mich friert
la vie in vitro / sieh doch, es gebiert
aus diesen augen eine sole sich
empor als letzter aufruhr alten lebens ...

sein blut aber, das stockt jetzt zum sorbet,
kratzt an den adern, am organ:
sein herz, es bläht und sackt,
denn rose trank sich satt an seinem saft.

das menschlein septisch / rose erigiert,
ein laborant entschwirrt –
bleibt sirren.

sommertomaten

rate, mama: amor tost.
nasse straßen entern monate,
marter, marotten, ratten am ort —
erahnst es: atme messer / statt rosen:
erster sommerrost.

säfte

in verletzung wälzen wir uns, dem sommer
mit der nassen faust vor den jalousien.
draussen liegt bereits alles lahm, die ampel
gelb, sogar bäume

krümmen sich zur straße, ein tag aus gummi.
seltsam, wie die träume im mund verkleben —
lief da eben nicht noch musik, verstohlen
und melancholisch?

wann erlosch das licht auf dem flur, wer war es,
der das spieglein tauchte in dunkles wasser
ohne grund? — wer löste die wunden hände
aus der umklammerung,

dass sie nicht verwuchsen in diesem chaos,
das war alles? — jetzt streifen nur noch katzen
schattig in der nacht meine fischblutbeine
uns zu verwickeln.

a bird disabled

am rücken eines raben klebt
der himmel, weißer parasit.
es hat sich ausgelebt im nest
aus glas / am letzten ast verlastet
kaltgegart ein kind, das klirrt —

zerfleddert, meine liebe.
das rabenweib, es flieht,
kreißt kreise aus dem selbst, ebbt ab,
verheddert in der eignen achse,
tarred and feathered.

statik

brocken bloß das herz und dessen wand:
so lang schon hat die platte einen riss,
in dem die stimmen nisten — trocken, ungewiss

ist wann wir hornten auf dem weg,
bis wir ganz reglos wurden in der haut,
bis wir in krater brüllten: *halt mich fest*

doch schallen unsre stimmen nur zurück
aus dieser stille, und ein falke zückt
die schwingen uns zu treffen in der rast.

kokon

das nächtliche um uns:
ein specht schlägt eine tanne wund,
und alles nächtliche um uns:
ein mund besiegelt einen mund

im nächtlichen gesicht der mond
liegt lächelnd, liegt im schwund
schon eine hand, die eine hand begriff.

wir sprechen nicht. wir flechten finger,
bänder, bänder bis verstummt
im hintergrund ein specht, sein puls:
die nacht den tag entpuppt.

resonanz

das netz ist aber kein ersatz
für einen wimpernkranz, der in der sonne glänzt.
gesetzt den fall, dass mir der blick verätzt,
es in mir finster wird, ist es zu spät.

muss längst vergessen haben,
wie man tastet mit der hand
statt einer tastatur / und wie man rastet
mit dem ohr an einem mund,
entfernungen bemisst, den luftzug liest
wie eine spur zu dir.

zzz

im haar ein hauch von zimt, der sich verhängt.
das hirn denkt einen rosaroten schmerz,
den pflanzte klimt dort hin nur so
zum scherz im traum, bevor er wieder ging.

schon wieder märz, bestimmt der dritte schon
und frost wird eine graue permanenz —
distanz das porzellan im puppentanz
es bricht, denn alle fäden sind zu lang.

das spiel hieß zwinkern zwischen uns
und hinterlässt nur wimpern auf dem tisch
für einen wunsch, sowie den hauch von zimt
im haar, wo einst ein finger sich verfängt.

prinzessin blaumund

(1)

immer im zauberprinzip.
erdbeben spriessen da, erdbeeren, und miseren
an minze erblassen in diesem land.

blumen, die bande erdulden der sippe,
amselapril nur, aus rasendem puls,
nippe mir bienen ins maul, zu erblinden.

lippenruss — die mimen pausieren,
als buddele niemand die abende aus,
als pule man nur zum spass
in den narben.

(2)

abnabeln? – nee, albern, dann lieber
zusammen in lebenden mauern zappeln
und plunder sammeln, narzissen und arsen

uns zur summe ballend, saure suppe essen.
und die spuren abpausen, immer dieselben
bilderspulen sezieren, uns anpinseln in blau,

den puls messen, diese unsumme
an lauernden zimmern – sieben,
siebenmal zaubermann und lamm.

am ende dann lieber im bann
am ende dann lieber zusammen
assassin.

(zu der Inszenierung »Von Toten Vögeln«, von Vanessa Emde 2012)

symmetrisches delikt

wenn der name aufhört, auf lebende zu passen,
der brombeersaft dick aus der hecke quillt,
vögel im sommer die federn lassen —
sag nicht wir sind, sag wir sind blind

für *zwei feindliche äste im dickicht,* gefecht,
für *mimetisches peitschen der zweige.*
siehst du nicht auch diesen meißelnden specht
der die brust mir zerspant bis zur neige?

rot ist sein schnabel, und nachtgrün mein haar
das nadelt.

(kursiv aus: Anne Weber [Übers.] / Pierre Michon:
»Das Leben der kleinen Toten«)

Sascha Kokot

wie kannst du hier nicht staunen
wo die Sonne nie untergeht
den Tag stetig vor sich über die Ebene treibt
auf dem jungen Gestein noch nichts Fuß gefasst hat
aber jeder schon einen Namen bereithält
für die Tiere die nisten die Orte die besiedelt werden
doch das dauert noch und bis dahin beobachten sie nur
wie die Tektonik regelmäßig ihr Gewölle hervorwürgt
wenn alles erkaltet ist führen sie Touristen
auf das neue Eis ihrer rauen Landzungen
breiten zugleich den Asphalt aus
auch wenn sie wissen dass nach dem Winter
zwischen den Platten unserer Kontinente
wieder alles verschoben ist
und sie stur auf ihrem Treiben beharren
wie kannst du dann trotz der wachsenden Ferne
nicht staunen

noch lauern die Unwetter im Hochland
jeden Morgen werfen sie schwere Schatten in unser Quartier
in die Betten verbannt warten wir auf den Umschwung
die Freigabe unserer Pässe die Rückkehr der Lotsen
es bleibt genügend Zeit
unsere Stimmen an diesen Ort zu gewöhnen
zu lernen wie Haken und Wurzeln zu schlagen sind
bis wir im Winter zwischen den Zapfsäulen nicht mehr auffallen
unsere dicke Kleidung kaum mehr brauchen
und die Touristen jederzeit souverän meiden
bevor uns jemand mit ihnen in Verbindung bringt

ein gleichmäßiges Raffineriefeuer in großer Höhe
steht als Sonne über uns
darunter dem Dunst halb entzogen
wuchern unsere Häuser im Fieber
schälen sich aus den Konturen
nur Leuchtreklame und Abstandslichter
geben uns die Grenzen ihrer Leiber vor
zeichnen die Bahnen nach
auf denen sie zirkulieren
wir spüren ihre Schwerefelder an uns zerren
wenn sie mit porösen Oberflächen passieren
uns einfangen und trudeln lassen
bevor sie alle Gewalt über uns erlangen
und selbst der Deputatschnaps die Angst
zu hart aufzuschlagen
nicht mehr zudecken kann

komm ich zu dir
seh ich die Moränen sich übers Feld schleppen
Baumgruppen im Moor ankern
sie tarnen sich fürs Kind als Wald
manchmal werden sie umschlossen
von ausgebrochenen Rindern tumb und scheu
das Bellen der Hunde reicht an sie heran
holt sie zurück über die Ackerbreite
hier und dort steht wieder Wasser
in den Senken wächst selten etwas
man findet nur Tonscherben
den ersten Frost in den langen Nächten
steht dann das Bier im Steingut auf dem Fenstersims
spannt sich die Dämmerung zwischen den Pappeln auf
weiß ich du kannst die Schwellen schlagen hören
aber nicht mein Kommen

seit das letzte Gewitter dir alles näher heranrückte
siehst du den Schnitt der dich umkreist
noch ganz still frisst es sich ein als Grenze mitten im Ort
dann in die Häuser die Geräte deine Kleider
die Katzen fürchten dich schon lange
laufen geduckt vor dir fort
flüchten sich unter die warmen Motoren der Autos
wo du so behäbig sie nicht erreichst
irgendwann greift es dir
fest in den eigenen Körper
trennt dich ab
bis du fremd vor dem stehst
was dir lange Rückhalt war
du hilflos darin plündern gehst
aber nicht erkennst wie alles
zusammenzusetzen ist
was dir verschütt ging

dein Mund bleibt dir auch Wochen später leer
du trägst die letzten Blätter zusammen
die Schrift ist dir schon fremd
das Papier von minderer Qualität
immer wieder brechen Fasern hervor
und du erschrickst wenn sich ein Haar
über all die Jahre daran verfangen hält
bist dir nicht sicher von wem es ist
von dir oder aus der Zeit weit davor
es macht keinen Unterschied was du entsorgst
dir bleibt kein Raum du wirst hier nicht gebraucht
irgendwo parterre und ohne Küche
die Schalter für das Licht liegen gut versteckt
außerhalb deiner Reichweite schlägst du ins Leere
so wie in dieser Wohnung verstehst du die Ordnung
der Möbel, Teppiche und Türen nicht
ohne jegliche Verwendung stehen sie an ihren Plätzen
bis du alles fortgetragen dich langsam leer geräumt hast

die Bilder gehen mir langsam aus
glühen kaum noch sichtbar fort
ich komm in deine Dunkelheit
dort stürmst du auf engstem Raum
wachst mit den Wettern über deine Schwinde
die Dinge die du angesammelt
lange besessen hast
sie alle stehen nun im Korridor
zum Ende hin wird er schmaler
muss an vielen Stellen gestützt werden
es wird dir wieder nicht klar
wer ich bin woher ich komme
die Haut ist dir zu dünn geworden
und bald glaubst du dich selbst
aus der Tür gehen zu sehen

es leben Löwen im Untergrund
sie durchschreiten die alten Schächte
stellen ihre Beute in niedrigen Kavernen
wetzen die Krallen an der Grubensicherung
schlafen im Führerstand der Fräsmaschinen
bewachen seit Jahren die festgefressenen Gestänge
deren Handhabe mit den letzten Männern verschwand
seitdem warten sie auf die Ablösung
die Rückführung an die leckende Oberfläche
ihre Körper aber wissen nichts mehr davon
kennen nur noch die konstante Witterung
den permanenten Mangel an Licht
das fremde Verhalten der Geräusche im Fels
manchmal verfangen sie sich in einem Lüftungsschacht
dringen beinahe verklungen zu uns durch
erinnern uns an das Wildern unserer Altlasten

das Geröll ging dort oben vor Jahren ab
der Wald zerteilt blieb eine Schneise liegen
die graue Zunge reicht herab bis vors Tor
eine sichere Grundfeste für den nächsten Einfall
vergeblich versuchen wir die Piste abzutragen
das Gestein festgefressen können wir nicht überblicken
was uns nachrutschen wird
wie groß der eintreffende Fels dieses Mal ist
wir können nur verharren und die Aussicht genießen
auf die Unruhe in den Steinen

hinter der Nordkapelle der Oberleitung dem Betonwerk
geraten die Gipfel in Bewegung
brechen die Hänge aus ihrer Kartierung herab
verlegen die Baumgrenze vor
als hätten sie sich sehr lange nur ausgeruht
uns Menschen hier beinah verschlafen
wem die Sprengungen galten wissen sie nicht
oder was mit dem Gleisbett der Zeche anzufangen ist
aber sie spüren tief in sich die Gänge hallen
dass dort etwas fehlt ganze Adern ins Leere laufen
und so stürzt die alte Angst auf uns los
mit jedem von uns befüllten Hunt

ich schneide eine immer kleinere Form
für meine Tage die Stunden bei Licht
wenn wir unsere Strecken ablaufen sollen
unter den anrollenden Gewittern
die uns vergessen zurücklassen
mit trägen Schwalben auf den Leitungen
später nähern sich große Hornissen oder
eine versprengte Patrouille vom abfallenden Gelände
nichts Aufregendes geschieht hier
nur werden wir zermahlen
zwischen den letzten Tagen die es
kleingeschnitten zu schlucken gilt
den staubigen Rest wäscht mir die Nacht
im Schlaf aus den Kleidern

hinter den Gärten
enden die Namen unserer Orte
an der unverletzten Gusshaut
wir haben vergessen
dort zu enttrümmern
die ausgelegten Fallen zu kontrollieren
die neuen Gebiete begehbar zu machen
wir kennen den Flusslauf kaum
wo genau die Versinkung liegt
die Trasse ihre Schatten parallel dazu wirft
unsere Karten sind inzwischen überholt
mit ihnen stimmen die Proviantlisten kaum
wir wissen nicht was vonnöten sein wird
fest steht nur die Kälte zieht an
und wir füllen langsam das Schrot
in die Patronen

Georg Leß

ja anfangs

eng um die Häuser ziehen, um den See
mit Wendekreisen angefüllt
treffsicher, leider ohne Ziel oder Ort oder überall Speck

mit dem Stadtschild erschlagen, den Anhang versetzt,
                                                    es war Sport
Finger ab, eine Tiertätowierung: SO HUNDIG stand da
so war es ja anfangs, die Füße noch griffig, der Schwanz
selbst Fliegenbeine sind jetzt korrigierbar

nichts von den Fangeisen gewusst, der Wucht allein zu gehn
bis ans Knie reicht der Rock, falls sie je wieder steht
seht fest in die Krater, Läsionen belegen den Nächsten
den Ausblick sollst du teilen, eine Seite Hornhaut

die Sehenswürdigkeit sollst du nicht schwächen
den Speck umrunden
du gehst allein, du kannst nicht Ehe brechen

If Nancy doesn't wake up screaming she won't wake up at all.

und außer Bergen? Hügel
buschig himmelwärts, bezwingbar, halber Tagesmarsch
brachte uns über alle und das war's, wie ausgebeint

dazwischen nämlich trockneten Lemuren, hart gesonnte
nackte Stämme, Kippfiguren / die vibrierten, sich berieten
mit Föhn und meinem Schlachtgewicht

zur Schur, den Schafen wurde nichts gezahlt
zahllos bezogen sie den Landstrich frisch
vibrierten, wir waren frierende Hirten, und fuhren mit uns
                                                          aus der Haut

der Fuchs am Südkreuz

ich schoss ja nur Bilder, schon ging er mir nach
seine Scheu, rötlich verwickelt in die Sommernacht
verwackelt, schief die Schilder, der Laternenpfahl
dieses kräftig durchblutete Nachbild, in Häuten die Stadt
wohin damit wo kein Rivale droht, zu Hause
wurde ich ihn los, wenn auch nicht satt, verkroch

sich vorm Blitz, tief im Unterholzwunsch, nur
ein Grollen blieb unter dem Schreibtisch zurück
in meiner Einkaufstüte wird das Fleisch nicht frischer

keine Abkürzung

den Bus verfehlt, zersprengte Tagesform, ich
stehe im Begriff, vorm Dienstbeginn im Unterholz,
                                          knapper Appell
im Unterhemd, verstrickt, wo sämtliches Wilde
jegliche Jagd ein Fragezeichen setzt, was
jagt den Rest? die Augen am Abzug, nur rühr mich nicht

Nacht rückte ab und ließ Männer zurück
am Springkraut gepflückt, braucht keine Beine, kann's kürzer,
                                          ich kann's nicht
Stramm schreibt, es *flackt und fleckt und flackert*, war Ungeduld
                                                                  schuld
keine Finger

Stammknarren, knack, Gehilfen für die Lähmungen danach
Trennbretter für den Bücherschrank, in lückenloser Reihe Lexika
denen entgeht kein Stäubchen, dass etwas
folgte mit Sicherheitsabstand, das an seinen Kuppen verholzte,
warum? war
sich noch gestern sicher nachzuschlagen

maigrüne Leine

es stimmte, nichts summte, der Sommer
verführte zum großen Zerrinnen
die Zeitungen schrieben von Rechtschreibung
aber es war noch geringer

nicht aufzuhalten mit ruhlosen Lippen
mit letzten Momenten, schweigt Honig im Mund
darin clickern doch Zähne
da leiht sich die Zunge noch Haftung

nicht auszutauschen, kein passender Stachel
die Putzkräfte leeren den Stock; von einer Haut die zähe Rede

dass sie lang hält, bald mitschwingt, wiedergibt
aber es war längst ausgesprochen worden: nichts geschah

Holzhütte im Wald

auf den Anhalter gehört, den Aufhocker, den
Endlich-Palmen-in-einem, Wald in der Hütte
knarzend vor Luft, Lust, Licht, denn wenn ich
keinen Urlaub nehme, nimmt er mich
die Wilden gibt es nicht, aber das Wilde

weil wir zuhause lagen, anstatt in der Natur
erlebten Zimmerbrand und Wasserschaden, was wir
nicht ausschließen konnten, schloss uns mit ein
weil wir nur Innenräume benutzten, kamen die Plagen
über uns, die wir nie saugten und putzten, den Palmen fern
hieß Erde Schmutz

weil unsere Wände nichts taugten, nur diese Bäume
standen noch aufrecht am Ende, wo wir blank hausten
wo Fremdeln half, es steuerte den Blick
zurück, nach unten und nach oben zu den Kronen

der lahme Daumen opponiert, allein der Blick ging los
das Schiff wartete nicht, aber das Meer
das Flugzeug nicht, der Himmel

Silent Night, Deadly Night II, 1987

der Schnee weiß vom Stiefel die Hälfte
nur flüchtig von Wärme, den Folgen, vom Rot
das dicker sei und hart bleibt und die Engel hohl

wer trägt seinen Bruder, den roten, zurück auf dem Rücken
den ganzen Kasten zurück aus Amerika
den Urlaub fest im Griff, die Feiertage, das lichte Jahr

so sind Geschwister, vom Schnee gebannt
den Himmel hab ich anders nie genannt, aber so ist er
fällt um die Füße, verstellt in der Härte

der Jäger jagt Schonzeit, verlegt meine Frage
verschluckt von der Fährte

die guten Obdachlosen

nur Ellen lebt, aus Gewohnheit und Dosen
gewaltsam in die Stadt gezogen, kriegt den Wald nicht raus
das knarrende Gebälk, das Hüftgelenk hält Ellen immer wach
ganz still dagegen ging ein Fuchs
zwischen den Erdbeerblättern seinen Würmern nach

was waren wir für Kinder, was für Spiele, wie lange, wie viele
im Sandkasten erstarrte eins zu Glas
da hatte uns ein anderes längst in den Wald gezogen
stürmisch grün, der Froschteich raucht
drehten Brücken von sechs auf Viertel vor drei
schliefen immer noch nicht, wer jetzt kein Baumhaus baut

die Nägel brachen oft nicht von allein, die Hosentaschen
                                                                                rissen ein
für jedes freie Geldstück wuchs ein Zahn
fauler Kameratrick

ach, einmal noch Kind sein, sagt Shelly zu Ellen, dann schnell
                                                                               einen Strick
ein Tempel buckelt vor den Fenstern, sieht hinein,
mühsamer wird das Dunkelwerden
fauler Schnitt

Flatterlied

umgehend auf Sie treffen, klagen, all die altgedienten Fragen
nach Feuer und Uhrzeit, Nachwuchs und Krankheit
kopfschüttelnd wie das Kaninchen am Falken
zu schwer davon zu tragen, während Sie's schütteln im Augen-

im toten Winkel, noch hält er
der umso weiter aufklappt, der umso schneller aufklappt
je unverstellter

zum Abschied die Hebung, den Kleinen im Sturzflug
Ihren Sekundenzeiger, tick, er überlappt und -lebt
tick, auf den kurzen Hinterbeinen, wär das Mimikry?
jetzt stellt sich eine Antwort aufrecht oder nie

Kondorlied

nie gesehen, höchstens schwach
ich kannte diese Schwäche aus der Nachbarschaft

    da stand ein Kleintierzoo vor vielen Jahren
    im Wald am Elternhaus, ein Fertighaus
    ich zog vor vielen Jahren aus
    ich zog vor vielen Jahren aus
    die Gitter fielen, doch die Tiere blieben
    mit ihren Muskeln war etwas geschehn
    war ihr Verlangen nicht mehr anzuspannen

viel später wurde ich geboren
mal spielten wir Kojoten jagen
mal nach Kojotenknochen graben
fast hätte ich verloren

die Köchin isst nicht gut

hinter den Fenstern starrte es so schwarz
wie es unter den Fingernägeln saß
die Köchin hungerte und als sie fiel
ein Klang von Mitgefühl, das ich nicht kannte

mit vollen Händen stieg sie aus dem Keller
aus einem lässigen Gebet
so regelmäßig wie die Leerungen

der halbe Dank blieb unten liegen
zwischen Entbehrungen und Überschuss

Marlen Pelny

Walzer zu den Abendnachrichten

ein größeres Haus, mit aufrechten Fenstern
eine sperrangelweite Übersicht
darin würden wir die Augen zusammenkneifen
du und ich
wir würden uns rückwärts durch die Gänge schieben
und uns vorwärts darin verschanzen
im Radio liefe unsere Musik
und wenn Nachrichten kämen, würden wir tanzen

das Gedicht mit dem Alkohol

vor unseren Fenstern flocken die Städte
in unseren Mündern knackt das Eis
du tippst mit den Nägeln gegen das Heizrohr
ich glätte den Rhythmus, ich stampf einen Kreis
jemand hat Schnaps nachgegossen
jemand hat ihn leise geleert
die Zigaretten sind plötzlich erloschen
der Tisch zwischen uns hat die Lage erschwert

balancieren

über das alles eine Handvoll Geschick
wir balancieren die Haare vom Kopf
auf die Kissen
wenn wir ehrlich sind
verstecken wir das, was du sagst
unter unseren Zungen und küssen
dich und mich glatt
die Augen halten wir
bis zum Morgen weit offen
damit wir nicht träumen, bei Neonlicht
wir sehen uns nicht
wir speichern uns ineinander
wie du bist, wie ich bin
voneinander betroffen

die Idee von uns

die Idee von uns bleibt ein einziges Wort
wir bleiben jeweils ein Name
wir legen die Beine neben die Arme
wir rufen uns zu, verschwunden zu sein
uns wird schwindelig von der benennbaren Anzahl
gemeinsamer Tage, den Atemzügen dabei
von Licht und Wachs und fluoreszierenden Effekten
vom Auf- und Zuziehen der Fenstervorhänge
vom Springen des Toasts in deinen Mund
vom Schlucken des Wassers in die Kehle auf Grund
das alles bleibt zwischen uns liegen
wir drehen, wir drehen uns nicht um

wo du überall bist

von hier aus höre ich dich denken
echte Tauben bilden ein Spalier
alles aus Landschaft gemachte
schluckt hinter der Scheibe im Ernst ein Gedicht
ich biege mich seitlich gegen die Tür
peripher sieht mir jemand direkt ins Gesicht
ich strecke mich weiter über den Flur
da sitzt du auf Holz, auf weißem Papier
und machst, seit ich abgereist bin, Geräusche

Paris und du

du schreibst Karten, wenn der Regen fällt
ich seh dich an, als könnte Licht dich verändern
mit dem Wetter hinter dir versinkst du in Geschichten
über eine Stadt, die jetzt nicht existiert
Paris wie Prag wie Köln, wie du
ein rohes Herz, das, eben noch greifbar
im Regen verschwimmt

Marlen Pelny

unsere Worte

der Zeiger hat sich umgedreht
du versteckst dein Gesicht
zwischen viertel und halb
jedes Wort, das nicht richtig steht
hat sich zwischen uns verkeilt
von draußen dringen Geräusche herein
so, wie wir am besten klingen
jedes Geräusch, das richtig ist
wird zwischen uns dringen

das letzte Gedicht

wir drehen uns am Fenster
mit deinen Füßen auf dem Weg zu mir
das Licht in unseren Haaren
ist weiß, wie das Papier
auf dem wir stehen bleiben

Marlen Pelny

wir an der Luft

hinter uns steht nichts Geringeres als die Luft
so wie wir beide hier sitzen
passt um uns herum ein gewöhnlicher Beutel
die Stadt bewegt sich hin und her
und im Himmel ist Umzug einer einzigen Wolke
wir atmen nicht ein
Kreise ziehen über unseren Köpfen Kreise
wir atmen nicht aus
unsere Rücken, angelehnt an die Luft

wir leben mit der schlimmsten Phantasie

wir leben, sage ich
haben dreihundertfünfundachtzig Bücher gelesen
an einem verregneten Wochenende
neben einer leuchtenden Gerbera
du im Krankenwagen, der Krankenwagen im Stau
den Marder, das Blesshuhn, die Gänse begraben
das defekte Telefon
die Chance zur Entfaltung der schlimmsten Phantasie
das Licht
die Sonne blendet uns nie
weil wir die Augen beim Küssen schließen

Tobias Roth

Verschieden Purpur

Vom Kirschenschneiden blieben die Finger blau,
Vom Saft der Kirschen rötlich von gestern Nacht,
Und an den Fingerkuppen sitzt noch
Bläulich nach Wasser und einer Nacht aus
Dem Fleisch der Früchte unscharfe Malerei.
Es gab den Abend blauen und roten Pur-
Pur, Färbungen, mag sein, und Kirschen.

Lass uns nach Rotweinen suchen gehen.
Nach leichten, wie sie nur im Gebirge sind,
Wo die Verblauung sich an den Felsen hält
Und abwärts tropft und beim Vernatsch auch
Musiker sitzen. Ist unsre Lippe
Dann eingedunkelt und unser Mund geschwärzt,
Wir waschen sie uns wieder im Weißwein rot.

Die Luft war nachts durch das Gewitter
Wenig gekühlt und du sagst, ich hätte
Im Schlaf gelacht, und niemand begreift, wovon.
Darüber lachen wir noch den Morgen aus,
Und über unsre blauen, roten Finger,
Purpurn gewaschen und immer wieder

Daunen und Firn

Da wandelt auf unruhigen Feldern
Leukothea, Amme des Rausches einst, jetzt
Liguster und Jasmin, keine Hilfe mehr.
Wenn der Wind in alles Wellen kämmt
Und der Himmel
Nicht einen Moment
Der gleiche ist.
So wenig, klagt sie über uns,
Raum, um weich zu sein.
Lichtpunkte auf den
Weißen Haaren des Meeres,
Auf vergletscherten Graten,
Zittern des Zitterns.

Doch man schmiegt sich in die
Letzten Winkel und Ecken.
Die letzte klare Form
Im Dünnschliff des Turmalins,
Die als Wunde des Sündenbocks
Wie in Kirchenfenstern
Brennt und blüht;
Wir hoffen, es war der letzte
Und den Lämmern langes Leben:
Die uns verweisen,
Die wir vergleichen:
Unsere stete Nähe zu,
Unsere stete Sehnsucht nach
Daunen und Firn.

Unter ausgeblühten Bäumen,
Zwischen weißen Dolden,
Durch die schräg der Wind geht.

Die Blickrichtungen

Wie im Rückspiegel die Landschaft

Verraucht, legt der Dampf einen Horizont
Wie vor das Ende der Welt.

Ich fürchte meine Ungenauigkeit.
Mich zu wiederholen. Wieder und wieder blicke ich

Auf dein Gesicht hinter der Sonnenbrille,
In dem Oleander steht und Malachit.

Du wusstest erst nicht, wie dieser Baum heißt.

Vielleicht bin ich nicht geduldig, aber wieder und wieder
Dich anzusehen, jede Wiederholung

> ex illo Corydon Corydon est tempore nostris
> Vergil, *Bucolica*, VII, 70

für Monika Koncz

Tantalus

Kohlmeisen nisten in der Wand meines Hauses,
Seit der Wind wieder sanfter die Fassade –

Sie sind es,
Die Angelo Polizianos Frühlingsgedichte erfüllen,
Nicht wir.

Sie sitzen auf den Polsterquadern
Und springen und lassen sich
Fallen.

Hinter den Fenstern,
Meine Hand lag schon auf ihrer Hüfte;
Dann zog sie sich zurück.

proiecta vilior alga
Vergil, *Bucolica*, VII, 42

Mauerkränze

horizontale und vertikale im schutz der
dioden an bahngleisen stehe ich unver-
loren und abends weiß ich den morgen
morgens so sicher meiner wege ja meiner

Tyche wer bin ich Mensch denn dass ich
dir flehen müsste Du lächelst unterstellst
mir wohl ich dächte jetzt könnte ich den
Vertrag mit dir alleine aufsetzen

Jetzt, jetzt, und in der Zwischenzeit sei
auch nur irgend etwas mit uns geschehen,
seit die Mauerkränze begonnen hatten,
sich um deine Stirn zu ziehen.
                                     Und nun
stecke ich meine Zeit so sicher, so eng,
dass du nur leichthin den Finger legst an

Das Kartenhaus: sein Wanken zerschlägt den Tag,
Begräbt mich unter sich, macht mein Blut so dick,
Und selbst mein Flüstern in vertraute
Ohren wird durch dich vielleicht verändert.
Der Regen kündigt sich bis zuletzt nicht an.
Von dir erfasste Häupter behalten nur
Die alte Redensart von ihrem
Willen und alle sind dein Spiel.
Wir formen wieder Steine zu deiner Stirn,
Dein Wimpernschlag geht gleichgültig über uns
und Bilder unter Mauerkränzen;

Bald wird der Frost die Gesichter spalten.
Unsere Wege lass sicher sein und weithin zu sehen.

Alexanderschlacht

Albrecht Altdorfer, 1529, 158cm x 120cm

Die Weltlandschaft ist überzogen von großem Schlachten,
Einem Pelz von Lanzen. Eine Phantasie
Über Landkarten zerrt am Maßstab, fluchtet im Zorn.
Ein Gedankenspiel ist Truppenbewegung, das den Horizont
Nach Belieben krümmt und weitet. Bunte Beutel,
In denen Menschen geschüttelt werden, bis sich die
Stählernen Sommerkleider lösen. Sie ziehen
Auf die Suche, ehrlich verloren, nach
Hohen Worten und die Körper versalzen den Boden,
Bleiben im Feld, dessen Brot wird weitergegessen.
Pferde verklumpen.

ALEXANDER M DARIVM VLT SVPERAT
CAESIS IN ACIE PERSAR PEDIT C M EQVIT
VERO X M INTERFECTIS MATRE QVOQVE
CONIVGE LIBERIS DARII REG CVM M HAVD
AMPLIVS EQVITIB FVGA DILAPSI CAPTIS

Tobias Roth

Einige Tagwerke, frischer Mörtel

Vögel und Fische, Verwandte der Hirsche und Farne,
Flüsse zu Göttervätern, Blumen und Bäume zu Nymphen,
Blau und Figur unter Himmeln über Kanälen.
Dort ein Mann und dort eine Frau und Löwen- und Engels-
Köpfe, über den Türen Schädel gefallener Riesen,
Beben die Farben vor Leben und ich konnte sie mir nicht
Klar machen, konnte niemanden fragen, der sie verstanden
Hätte, Bücher in der Hand,
Denn nichts war mehr übrig und niemand sah,
Dass die kostbare graue Wand am Rialto nicht
Grau ist. Zu teuer, sagten sie damals schon,
Sei die Arbeit gewesen. Wann hätten je Händler
Ihre Rechnung bezahlt?, und dann ritzte die Benutzung
Die farbigen Gesichter und Hälse, Blätter und Körper
Innen und Außen mit klaren Reihen von Zahlen,
Laufmeter, Füllstände, Schuldigkeiten, Zinsen.
Wo sich die Farne noch ausrollten in Städten aus Stein.
Dann kam die Leere, als könnte man sie überschreiben.
Hättet ihr die Salzblumen behalten und die Zeichen
Des Verfalls, die euch heben, unerschöpflich.
Das milchgrüne Wasser trägt fester als sein Ruf die Stadt,
Nun bricht es ganz.
Nun geht es an ein Buntschießen
Aus Schaufenstern, das keinen Zweifel duldet.
Bröckelt es, bricht sich ein neuer Raum hinein,
In wenigen Werktagen ein strikter Takt,
Und fortan haben keine *frohen und rüstigen Nachkommen gelebt.*

Seguì in Venezia al ponte del Rialto un fuoco terribilissimo nel Fondaco de' tedeschi, il quale lo consumò tutto.
Giorgio Vasari
Vita di Giorgione da Castelfranco pittore viniziano

Tobias Roth

Ungeborene Wüstungen

Auf die mageren Hügel
Über der Ägäis (aller einstigen Namen entlaubt)
Sind schon die Katasterkarten gestempelt.
Ein Plan hat seine Narben hinterlassen:
Straßen und Fundamente von Straßen.
Dazwischen nicht einmal Gestrüpp.
Das ändert sich nicht über die Jahre.
Wäre da nur Metall, da wäre auch Rost.

Und sie verdirbt nicht einmal etwas,
Die jämmerliche Geoglyphe der späten Moderne.

Der Abend verfärbt den Himmel,
Der Abend verfärbt das Wasser,
Jene vielleicht Zehntausend
In der ungeborenen Wüstung
Wären weit und breit die einzigen gewesen,

Nicht erst seit neulich.
Auch das hat nichts mit Uhrzeiten zu tun.

Palais Waldstein

Prag, 1630-1632

In der Gemessenheit seines Gartens
(Noch blicken die Maße des Menschen uns an)
Proben sich die Bronzen als Körper,
Götter und Feinde, Sterbliche und Sterbende,
Ihr Beispiel und ihr Begehren.
Die Nymphe mit dem stillen Gesicht
Legt dem Faun den Speer ins Brustbein.
Die Wasserscheide von Hammer und Amboss,
Sie läuft durch die Welt und ruht
In der Gemessenheit seines Gartens.

Hier zwei Jahre Lebenszeit in Laubengängen
(Zwischen zwei Amtszeiten des Krieges),
Ein Rausch und ein Mahl im irdischen Saal,
Bad und Garten, wäre es nur länger gewesen
Und wiegt einen blühenden Zweig in der Hand.
Der Condottiere, seine Schnelligkeit ein Staunen,
Reit' er das Pferd tot und die Eile der Männer.
Ein Haus sieht nie alles,
Was der Hausherr sah,
Und der Garten behält eigenes Wissen.

Felder sind gezogen in Fläche und Höhe,
Um den Geist zu trösten, indem er sein Werk erkennt
Im Chaos.

Felder werden bezogen in Fläche und Hitze,
Um den Geist zu reizen, indem er sein Werk erkennt
Als Chaos.

Das
Spiegelt sich in seinen Augen spiegelt sich
Die Klinge der Partisane, unbekannter Hand,
Fernab des Gartens, 1634.

Mosaikstein

                occasione | disinvoltura

Wir versuchen, die Welt
Zu streicheln mit den Lemniskaten unserer Tage,
Und manchmal gelingt es.
Manchmal kommen wir gleichzeitig. Manchmal
Sind die Münder nicht von Tulpen und Tragopanen zu
                                        unterscheiden.
Blumen in den Gärten und abwegige Vögel.
Tiefer Flieder, Pfauen, Lächeln.
Alles bleibt in Umlaufbahnen.
Nichts gilt mir unmittelbar.

Katharina Schultens
hysteresis

hysterese, auch *hysteresis* (von griechisch *hysteros* = hinterher, später) bezeichnet ein charakteristisches systemverhalten. der begriff wird unter anderem in der fahrzeug- und regelungstechnik und der kybernetik verwendet. in der schifffahrt bezeichnet hysterese einen zustand, der dem zustand der gierstabilität folgen kann. die volkswirtschaftslehre hat den begriff entlehnt und beschreibt damit eine spezifische systemreaktion auf äußere einflüsse. so kehrt ein system, das durch externen druck oder einen schock aus dem gleichgewicht geraten ist, nach abklingen dieser einflüsse dennoch nicht wieder in seinen ausgangszustand zurück.

»die wirkung hält an, obwohl die ursache nicht mehr vorhanden ist.«

adhoc
mein projektleiter stützt abends den kopf in die hände reibt
seine wimpern: er habe mich tagsüber verbrannt ohne not.
mein projektleiter erklärt mich zu lots weib. gibt losungen aus
sucht nach definitionen im firmennetz für mein tun.

//

mein projektleiter benötigt ein weiteres L an seinem namen
zum rennstandard. die grundempathie meines projektleiters
wird an der amerikanischen pazifikküste produziert. abends
telefoniert mein projektleiter: streichelt leise meine stiefel.

//

der bonus meines projektleiters fällt geringer aus als geplant
sein anteil an der finanzierung der neuen stallungen steht
zur disposition. er geht aus mit dem team und hinterläßt
handgezeichnete folien für unsere morgige dressur.

//

ich rufe in neuseeland an. hallo. neuseeland ist bei euch
morgen. neuseeland ich sorge mich um die präsentation
von morgen ich faxe euch etwas. das gesetzte kapital
neu allokiert mit zarten verweisen. entlehnt daraus
ein maß. evt dem tun: das teilprojekt des seins.

massive attack

der taxifahrer entließ mich
er fuhr die treppenstufen ab
ich schlief mit nassem haar ein
er klingelte als ich nicht träumte

er hatte seine klimaanlage umgestellt
sie war nun meine trockenhaube morgens
ich schminkte mich im aufzug in den 12. Stock

dort hatten wir einen eigenen kühlraum
wir hatten ein zimmer lederner sofas
die wände waren reine screens
und nichts wurde vergessen

//

ich blieb und sendete ihm jeden abend
mein spiegelbild im bodentiefen fensterglas
das wetter variierte mein ausdruck aber nicht
ich hatte diese filmdramaturgie perfektioniert

//

morgens wenn es dämmerte ging ich gewöhnlich tanzen
es gab einen club der wechselte die treppenhäuser
ich tanzte mit einem kollegen in bärenkostüm
ich trug die stiefel noch aus dem büro

und wenn ich mich drehte bohrte ich den absatz
immer genau zwischen die zehen seiner tatzen
ich war fast sicher er war unabsichtlich barfuß

und wenn die drehung dann vollendet war öffnete
ich meine lider schließlich war ich noch im praktikum
man hatte mir zwei schlangen zugestanden

//

ich hob die arme fuhr mit allen fingern tief ins haar
und aktivierte probehalber diesen einen blick
ihre zungen blitzten nur einen moment
unterhalb der ohrläppchen hervor
denn das genügte

gewinnwarnung

verwechsele kunst nicht mit wut hieß es.
gut. was war hingegen mit schärfe.
was war mit den klingen die ich
auf dem rücken balancierte –
sporadisch sie zu ziehen
zum stich ins gespräch.

was war mit allen die uns zitternd
im rücken staken. spitzen im holz
an den griffen kann man uns lenken.

//

wir hatten die möglichkeit zu verhandeln abgeworfen
und unsere handschuhe waren verschweißt mit den fingern
jederzeit rannte es nun zwischen ritter und specht angelegt
unsere trappelnde armee in einer leitung die ausläufer trieb.
licht: aus dem herdendynamo.

//

kaum denkbar rauszugehen. glaubte wir stünden vorm büro
und hingen doch – einsehbar – gespickt auf der anzeige dort.
ich hatte unsere größe vergessen und die relation
unserer größe zu der des geschehens. ich will aus.
raus hörten wir. eine nach dem anderen ging
und wechselte den stamm und dachte
x hätte das system verlassen.

am boden der panik

und ich hatte pläne das risiko zu streuen
ich war beinahe schon komplett in norwegen
ich hatte indische stahlkonzerne überredet
mir anteil zu gewähren meine gewinnmargen
bezogen sich auf brasiliens bierkonsum und
die möglichkeit daß russland sich noch änderte.

jin und mahin. dra. yantai ambev. trans. -nifty die dinge
nifty: was anderes gab es nicht mehr. und die nummern
in einem stakkato zu übermitteln das in kein stottern geriet
war zugleich tagesgericht und meine version des moulin rouge.

//

dazwischen die funken wenn die gespräche stählerne züge
entwickeln. ssssssch. wieder etwas unter der brücke wieder
die rollbahn verpasst und das dach abgekratzt. überblick
gibt es – ordnung gibts auch das hängt an den fragen
die man inkludiert. ich war nicht enthalten ich war teil
keiner kalkulation – nicht der des kollegiums deiner
wie du betontest: noch nie – der eigenen – pff.

//

wo seid ihr? wenn ich euch frage wo seid ihr
kommt dann was wieder. wenn die märkte schließen
habt ihr einen hut in der hand habt ihr eine meldeadresse
um etwaige überschüsse zu mailen. und du wartest
nicht mit dem urteil. siehst du die reflexe
funktionieren alle wie anno 2000undx.

ich wußte doch ich kriegs hin.
ich wußte ich würde jedwedes uns
austricksen am ende. falle. reset.

spinning tops

das zusätzliche leid dieser entscheidung
sei bereits eingepreist. überhaupt habe
das mit gott nichts zu tun gott sei nicht
das konglomerat der marktteilnehmer
auch wenn inzwischen anderes gelte

gott sei auch nicht die ironie der abläufe
oder der sarkasmus wenn die dinge
vor die hunde knien – nicht sich? fragte
ich – nein einfach nur knien. so er –
jedenfalls gott sei höchstens marginal

//

... an dem steuerungsmechanismus
jenes engels beteiligt ... der weiter
auf der nadelspitze rotiert ... die
wiederum den ballon anpieksen
soll ... der
der

(das habe ich vergessen
etwas kam mir dazwischen
es war von mittelschwerer
bedeutung nichts privates
jedenfalls)

//

jedenfalls gott so er weiter
sei das doppelte a des letztgenannten

und das o der
ersteren wo sie versagt
und ganz eventuell sei er

beteiligt wenn ein name
gewinne die bemalten drums
– museumsgenutzt – plötzlich
im untergrund losgrummeln:
wenn das timing uns findet

-t
-tt
wenn du still bist

bärenmarkt

der zweite meiner tanzbären lief früher halbmarathon
laokoon: lag er nun umwickelt in bollingerbändern
zuckte abwechselnd mit den tatzen hob die beine
rappelte sich begann als der gesang einsetzte
von einem bein auf das andere zu treten
die kreiselnden arme dicht am lendenfell
rutschte der hut ihm übers eine auge
er trug eine jacke aus matadorleder
die klaffte überm runden bauch
der war weich ich wußte wie sehr

der zweite meiner tanzbären: verloren
er hatte seine kinder zurückgelassen
als die schlange unerbittlich -müdlich
immer durch den ring geschlüpft war
der innig seinen stolz mit seinem
schwanz verband: hatte gezippelt
gezogen sacht... und er war fort

der zweite meiner tanzbären füllte alles
was er aus dem körper an erinnerungen
verlor in flaschen ab die leise zischten
die schlange packte ihre halbgeschlüpften
kinder hinzu: spitze pinsel: simple würmchen
und er trank und trank lief hellgelb an
vergaß endlich von neuem wer er war

//

ich ging zurück zum ersten
ich vermißte weiterhin den ersten

ich hatte vergessen was der erste wußte
und vor allem hatte ich: was nicht vergessen
denn der erste meiner tanzbären war uneinholbar
der erste meiner tanzbären war ein wirklich fixer sprinter
der erste meiner tanzbären hatte in sibirien sein fell rasiert
der erste meiner tanzbären war eigentlich kein bär

wir hatten unsere schnitte sämtlich geflickt
wir hatten die 200-tage-linie nie überschritten
wie hatten die signale ins dauerfiepen gestellt

und im sommer lag er auf meinem rücken der allererste
meiner bären auf mir: auf der wiese im stadtbad drückte
seinen stachligen körper in die mulden meines körpers
der noch das fell gespeichert hatte sonne nicht erkannte
das gab einen ausbruch im zuckenden gesamtverlauf
und die barrieren oben fielen auf die gerissenen unten
und ich dachte: jetzt ist es vorbei – jetzt tanze ich
und den dritten meiner bären rufe ich nicht auf

black marubozu

es gab gründe weshalb das kind glukose brauchte
weshalb im trocknen sommer weiter pegel stiegen
weshalb ein wenig luck die währung retten könnte
sie fanden sich in dieser trügerischen phase in der
ein traum darin bestand gut durchzukommen

//

jetzt gerade lockten hundert bauern
die nächste pandemie aus ihrem koben
jetzt gerade bluteten verschiedentlich die ohren
und in den senken wartete eventuell ein gas

//

und sicher war es richtig
unter diesen umständen nicht
auf meine tanzstunde zu rekurrieren
und auch diese ganz einfache affaire
als zip-befindlichkeit zu unterlassen

desweitren war es sicher richtig
niemanden zu treffen vor allem nicht
in einer hotelsauna dich solange
ich dich umgehend erkannte
dennoch war der körper – auch
eine option es kam noch auf ihn an

und nur vielleicht wars sinnvoll
die moral die unnütz doch beständig
blieb nachträglich zu erfinden –

das undeutliche denken setzte ein
von dort wars unweit zur religion

//

und mir reichte ein bild: zwischen seinen kisten
einen neu entflammten hausschwamm als kulisse
die hose um die knöchel eine hand auf seinem knie
wie er den gürtel eine zunge sein läßt paßt mir nicht
wie er behauptete manchmal da müsse man
zwischen-d-durch ja auch noch mensch sein
antworte ich verspätet: sind wir aber nicht

hysteresis

gab es noch eine szenerie zu verstetigen
liefen die dinge gleichmütig auf ein einziges datum zu
sukzessive die verborgene mine freizulegen

über wessen tastatur blitzte der befehl
welche sonderinteressen wurden verfolgt
gab es eine subagenda des ultimativen lobbyisten
oder der rasenden herde an der küste

züngelte der algorithmus
aus dem kiefer unterhalb des feigenbaums
blitzten an den felsen zähne des bären
als leuchtfeuer im nachrichtenband auf
das um die see lief unaufhörlich blinkend

//

war das eine schlange? hunde. waren das
die roten pfeile der prozentualen verluste
oder doch die pfoten des korrespondenztiers

welches grundmuster der krise dehnte sich
gemächlich zum netz und holte die katastrophe ein
silbrig zappelnd flappend übers deck: klein aber tödlich

und den zweig welcher kurativen pflanze
trugen die schnäbel uns unter liquidierten flügeln zu
wenn die vögel in der gischt in salzige pixel zerstoben
in welcher höhe galt der tsunami noch als wellenbad

//

war nicht das ganze meer eine einzige flexible stahl-
konstruktion auf der schnurgerade die milliarden
in schaluppen gierten choreographierten kursverlaufs

wer legte seinem ruderwerk jetzt noch geschirre an
und wettete auf die segel als ob auf eine mähne

wer ließ wimpel flattern und rammte
ins herz der steuerelektronik eine fette lanze

wer nahm das fiepen der geräte hin und wer
nahm die signale ernst und ging ins galopp

//

hatten wir ein primat auf rhetorik und fragen
die in ausrufezeichen endeten hatten wir
als eigenkapitaleinlage mehr als ironie
hatten wir das nettoeinkommen uns lächelnd
zu schälen aus ihrer wetterjacke zugunsten von
besinnung: war jedem körperchakra nicht ohnehin
ein maßstrich des einen thermometers zugeordnet
eine unter schwarzlicht sichtbare warnblinkanlage
eintätowierter codes auf deren basis wir bereits
die supranationalen verträge verhandelt hatten
während der astralleib auf der party blieb

//

wen trafen wir im traum und hatte ich nicht
das uns ausreichend geleugnet um jetzt
dem wir kaum zu entkommen

stellst du dich hinten auf den arm des ungeheuers
nimmst es als planke an haben wir jahre vergeudet
ist es jetzt tot

alle väter zitterten oder waren fort

und meiner war tot: so viel vorab
alle anderen setzten sich in davos
standen hand in hand zu gedenken
waren alt geworden auf der bühne
hatten nun fremde töchter zur frau
wußten nicht wann man am besten geht

//

ihre söhne waren mir doch etwas zu klein
nicht zu gebrauchen ihre hübschen söhne
krabbelten nicht und sprachen innerlich
hatten vielleicht sprechen im inneren gelernt
nicht aber schwatzen unbedingt nicht zetern

und hoben die hände nicht mehr
mit den karten drin wenn sie put schrien
hatten vergessen daß etwas im spiel war
trugen die fortgeworfenen manschettenknöpfe
ihr haar stand ab und ihr bart war ein vorrat

//

plazierten zehn käufe jeden sonntag besaßen
auch eine weste hatten einen stock mit dem
sie kugeln schoben übers grüne feld
sie klagten und sie wünschten zu klagen
sie klagten sich in meinen verantwortungsbereich
beharrten auf unserer stärke im doppel
wenn dann härte hinzueilte waren sie fort

//

eigentlich war es eindeutig: wollten sie etwas
eigentlich wollten sie bäurische wangenpartien
noch nicht ausgespielte hände und einen mund
der nicht puckern konnte einen mund der offen blieb
und in dem die zähne glänzten als ob frisch erschienen

sie hatten nicht verstanden daß ein mund auch einmal schließt
sie hatten die frage nicht verstanden die vorausgegangen war

//

wenn einer dieser söhne mich ansah
fiel mir die wange meines vaters ein
als sie schon kalt war und die hände tage
unbewegt es hätte einen bruch gebraucht
ggf. auch eine säge um sie aus der geste
auszulösen die so unerträglich blieb

bin ich also eine müde laborantin?

laß uns phiolen anlegen liebster. nicht du
der sonst immer nein sagt wenn ich ihn rufe
der soll bitte gehen. so. jetzt sind wir allein.

du. imaginärer bär. leg dir phiolen an.
sperr fische ein in blauem rauch.
sieh zu wie sie bald essbar werden.

//

und beantworte mir indessen das:
wer hat mich allgemein so kalt gemacht
und meine hand so ruhig gestellt?

wer hat mein zittern mit nur einem schnitt
der quantenscharfen kante von mir abgetrennt
und war nicht seele darin die jetzt schwebt?

ich hab diese kante dann wiederverwendet
solche queransichten der dinge kriegst du
sonst nicht in diesem detailgrad.

//

sag: wer hat mir die liebe endgültig entschieden
auf die temperatur einer großkatze konzentriert?
nicht schnurren bloß: ein prankenhieb dein kopf ist ab.

ein biß: das war dein leib. du krümelst.
ich müßte dich minimum eine stunde
in wasser legen um mein kind einen tag zu ernähren. evt

lösen sich die rosinen mit denen du den mantel zuknöpfst.
oder fragen wir die schlange die dir deine stiefel schenkte?
he schlange –

//

hast du was vom allzwecköl für uns
mit dem du deinen klapperschwanz einschmierst?
das ding dem du drei federn aufsteckst seither zepter heißt.

mit dem du eigentlich nur staub aufschlägst
und wenn es regnet schlamm. oder hast du
seltene erden uns die welt entsprechend einzufärben?

das gift behalt. das brauchst du einerseits zum überleben
zum andren habe ich die analyse hier und reichte eine
                                                        halbe stunde
das gegenmittel uns zu destillieren – es ist aber zu spät.
wir sind schon gelb.

dark pools

es gehe darum das ausmaß des interesses
zu verschleiern. ich lese daraus: einen nebel
breiten um den preis. wären das also pools
an deren grund es glänzt? haben sich dahin
die bugs verkrochen die wir immer suchen.

ich gelange zu einer überzeugung
indem ich den panzer des mistkäfers
umstülpe aber sein schillern bewahre.
seine fehler stecken schon darin.

die verfugten flügel die verfluchten
hügel die wir im erkenntnisflug
uns unterbreiten sind – dreht man
sie um – ein dunkles wesen: ja.

es nennt sich pool weil es kein wort hat
für sein inneres das absolut und offen ist.
geht ein. alles was du noch einzusetzen
hättest: geht. und schwindet – denn
da ist ein loch unten im grund.

Levin Westermann
zerrüttung, taubenblau

> Where is there an end of it, the soundless wailing,
> The silent withering of autumn flowers
> Dropping their petals and remaining motionless

T.S. Eliot

i

rückkehr. du öffnest die augen
am ende der nacht.
es ist tag, es ist hell.
licht strömt grell
in die gänge deines schädels,
flutet die düsteren kammern
im kopf, und leise von draussen:
ein vogel, der singt.
du liegst auf der seite
auf dem parkett, neben dem bett,
vor dir der staub
und das weiss einer wand.
scheinbar plötzlich
zu sich kommen, freudlos erwachen
und warten (auf nichts).
kaum speichel im mund,
das schlucken fällt schwer,
die haut deiner lippen
ist spröde (ja, welk).
du hebst den kopf.
von hier am boden
siehst du schräg oben, durchs fenster,
die wolken, siehst du: der himmel

ist grau. verwaschener klang
vergangener tage, flatterndes echo
tief in der brust.
du senkst den kopf.
dein nacken schmerzt,
die hüfte pocht.
der arm (auf dem du liegst)
ist taub.

ii

zeit verstreicht
und routine stellt sich ein.
wie wind
an einem fensterladen rüttelt,
wasser in den rohren rauscht
und auf dem herd der kaffee kocht
(am morgen) --
seit tagen bist du jetzt schon wach
und lauschst nach allen seiten
auf die muster der bewegungen
im haus.
das fallen der türen
und hallen der schritte.
klappernde schlüssel.
die stimmen, der aufzug,
das weinende kind.
alles wiederholt sich,
wirklich alles wiederholt sich
(tag für tag). fortwährend
läuft dasselbe band, ein hörbild
namens leben. und die geräusche
sind wie regen. sie tropfen
von der decke,
sammeln sich im kopf

und langsam steht dort alles
unter wasser. lautlos
formt dein mund dir fremde worte,
fragmente einer sprache,
halb so alt wie du --
lange bist du fort gewesen,
allein an einem weit entfernten ort,
und in der tiefen stille dort
trat in dich
        ein schweigen.

iii

zeit —
sie bringt uns einzig
neuen schmerz,
damit wir einen alten riss
(nach möglichkeit) vergessen
und uns sagen: es ist gut.
erste zeit: die zeit
der entstehung. zweite zeit:
die des zerfalls. dazwischen
liegt die ewigkeit,
spanne eines augenblicks,
randgefüllt mit leben --
leer gegreint die augen
tief im kopf. und nimmer
willst du schlafen
(willst du), nimmer
willst du ruhen.
bist seltsam in der welt.
tastend in den fugen
(bist du), tastend
in den nischen
quer zum land.

du stehst auf dem balkon
und vor dir
liegt die dunkelheit,
das antlitz einer kippfigur
aus nacht.
schweigen (schattensatt),
und schemen schlagen wurzeln
in der luft. schleier
aus vergangenheit,
aus möglichkeit
und ferne.

iv

      auf dem papier
verblassen die farben,
auf dem papier
liegt staub von den tagen,
fehlt es an wärme
und wechselndem wind --
das licht
vor zwanzig jahren.
fixiert und formatiert, eine fährte
(9x13) durch die zeit.
so und so
sah damals aus:
frühling im wald (sprachlos und kalt)
und vater sitzt im vordergrund
und raucht.
büsche, bäume, erdreich,
gras; und vater auf dem stamm,
er blickt dich an und sagt
    kein wort.
stillstand der gedanken.
zeitgefühl und zeitverlauf,

und auf diesem foto, da
schwindet das glück --
du ruhst in deinem körper
und alles, was nicht körper ist,
ist rand. mondgebleichtes mauerwerk,
wände aus blassestem licht.
und du spürst es
in den gliedern, du spürst es
im gesicht: immer tiefer
dringt die kälte
in die wirklichkeit des raums.
wie wenn auf einen schlag
vergeht ein vielfaches an zeit.
ein zittern, das im mund beginnt
und bleibt.

v

      und als der morgen kam
und als der tag erwachte,
der himmel blaute,

      als die vögel
durch die leere und die menschen
durch die stadt,

      als das leben
wieder lärmte, in den strassen
jener stadt,

      und du nicht blind warst
oder taub warst
oder tot,

      da fühltest du dich
bitterlich betrogen --

       ein schrei und noch ein schrei,
steil gegen das herz
aus licht.

vi

       november, morgen.
trübe und kalt.
im hof fegt jemand das laub
von den steinen,
in fenstern brennt licht,
der rauch aus den schloten
zieht lautlos davon.
lautlos auch:
die ordnung der wolken,
vögel im flug.
der mann gegenüber
am tisch seiner küche (frühstück
mit kaffee und milch) --
gestrandet sein
    im hier und jetzt.
gleich trümmern an land,
reglos im sand, alleine mit sich
und den launen
von wetter und wind.
bilder, der vergessenheit entrissen,
steigen langsam aus der tiefe
und zersetzen sich
im licht. verwitterte farben
und blasse konturen,
der abrieb der augen
als folge
des suchenden blicks.
unaufhörlich fliesst die zeit
und du durchmisst die dunkelheit,

streust helles auf die schatten,
lauschst dem einen atemzug
der welt.

vii

    distanz vergeht,
ein abstand schrumpft,
es bleibt die differenz
der kurzen stunden --
mit widerwillen stehst du auf.
reibst dir die augen,
öffnest den vorhang, blinzelst ins licht.
erst weiss, dann schwarz, dann alles
voll schnee. erstarrt
liegt die stadt
mit kaltem gesicht, frühe
spät im dezember.
du kippst das fenster
und schaust in den hof.
unten kratzt einer das eis
von den scheiben, bei laufendem motor
und offener tür. einer verschwindet
rechts aus dem bild
und einer steht links
vermummt am balkon, raucht
und mustert den morgen.
du kennst diesen tag, benennst
diesen tag:
das ende des jahres
und du bist allein (und der kopf
denkt still vor sich hin).
es ist die weise,
wie der raum sich faltet,
eine spur erkaltet,

wie du stets zu wissen meinst:
so und so
wird morgen sein --
du wendest dich ab. wind
weht vor dem fenster. das licht
ist kraftlos, die sonne
fern.

viii

plötzlich april.
die luft ist mild.
die sonne steht hoch
und scheint auf das land,
treibt leben aus der erde.
auf heimlichen pfaden
ins dickicht geschlagen, hinaus
aus der stadt
und hinauf in den hang,
tiefer und tiefer
(und tiefer) ins holz.
unten im tal
liegt immer der see, glitzernd
wie lametta.
und immer ein rascheln
im teppich der blätter,
immer ein vogel,
der irgendwo singt --
abstand halten, schweigsam sein.
teilnahmslos allein.
mit dem wind im gesicht
und dem wind im geäst
der bäume
im herzen aus wald.
es gibt rehe und es gibt oppens rehe,

es gibt den himmel und es gibt die
zerstörbarkeit des leibes.
du siehst einen fuchs,
hörst einen hund.
atmest beständig, leere
und licht.

ix

    ende juni
(wie august).
die sonne brennt
schon morgens um acht
und starrt wie ein feind
auf das haus. du
schaust hinaus. regungslos,
richtungslos. schwül
die tage, langsam
  die zeit --
erneut wachst du auf.
der himmel jetzt diesig
und dennoch: zu hell.
du spürst deinen kopf.
doppelt wiegt das licht
auf den gedanken, doppelt
liegt die tote luft
wie blei auf deinem leib,
drückt dich
in die wirklichkeit
und bricht dir die knochen
im bett aus parkett,
würgt dich
bis du noch siehst.
die wände warten auf neue befehle,
die decke macht sich bereit

für den fall, der boden
hält still --
dunkelheit umfasst das haus.
innen ist aussen
und draussen ist nichts,
als das, was du kennst,
die summe der ängste
bleibt immer
konstant.
du schreibst den bericht.
das kleine der dinge, die punkte,
details. alles ist wichtig
und alles wird weiss,
stetiges schwinden, die uhr
misst die zeit. rot
pulsieren
die röchelnden tulpen,
sterben (lieblich)
links
    auf dem tisch.

x

vergeudet die momente
wahrer freude
und brach liegt das gefilde
(bar von glück) --
wie alles doppelt tönt
und dreifach klingt
bei nacht. das atmen der wände,
das schaben der haut,
und stimmen von draussen
(wie leben).
    dunkelschübe.
dass man sich

leicht entgleiten kann
und sucht alsbald
sein wesen.
und all diese scherben
in all diesen zimmern,
all die fragmente
aus zeit, die zerbricht.
ein puzzle
ohne anfangspunkt,
rätsel ohne hinweis
auf den sinn.
du bist dir gänzlich fremd geworden
und unbegreiflich leise
schlägt dein herz --
kalter glanz, ein traum
bricht auf; zerrüttung,
taubenblau.

Uljana Wolf
SPITZEN

Wir wissen nichts Neues darüber zu sagen, worin die disponierenden hypnoiden Zustände begründet sind. Sie entwickeln sich oft, sollten wir meinen, aus dem auch bei Gesunden so häufigen »Tagträumen«, zu dem z.b. die weiblichen Handarbeiten so viel Anlaß bieten.

—Breuer/Freud, *Studien über Hysterie*, 1895

Lace is never for lace's sake. It is a way to tell a story.

—Hildur Bjarnadóttir

bei der occhispitze   oder augenspitze   wickelt man den faden

auf ein schiffchen   welches zwischen   fingern   hin u her

welches auf   u ab   so dass   ring u   bogen förmige figuren auch

augen   schlaufen   verbunden   u untereinander zu

größeren formen   wie wellenkämme   augenblicke

(in   die kerze schaun)   (strait into se flame)

Deckchen aus Ringen und Bogen für Anfänger (vierte Runde):
1. Rg. 12 a 12
1. Bg. 3 –3 –3 – 3 –3 –3 – 3 –3

the tatting shuttle   oder   schiffchen der augenspitze

ist daumengroß   u ähnelt   einer   kleinen scheide

mon dieu   ein occhifötzchen   kann sie damit   damit kann sie

zwar nicht   hüpfen   aber   *knötgen   knüpffen*

als dame der oberen   bei tages   oder kerzen   licht   u zöge

nach den   bälgern   fäden   aus dem scheiden   schiffchen

spulen sich die   garne oder   gerne nach gewissen mustern   ver

schlungene   oder   gestundete zarte   u   schmale gewebe (autosuggestion) it has also been suggested usw. unklar   der ursprung des wortes tatting   for making lace by looping a thread   of cotton or linen   by   means of a hand shuttle   man sagt tat sächlich steht tat ters   für fetzen   mit skandinavischen wurzeln   b u t (it has also been suggested usw.)   während sie   an ihren spitzen   sitzen wie the women tattled   and gossiped   aber die herkunft   is not very

    tattern, s. dattern   die   gänse gehen und tattern miteinander.
CREIDIUS 1, 300;

in annan worten   pine pattern collar in tatting   is a name

for a lace   a moving face   made by me or means of repeating

holes (ohr) öffnen u   schließen niemals müder   münder wie

the   women   tattled   the   shuttles   rattled   their teeth

what did they   tattle about   what did they   need usw.

(ohr) is gossip a form of lärm   wie dattern   ist stottern stoßen

der zunge an zähne oder   hände an   fäden oder gossamer wings

or movable parts   ist schiffchen schlingen   eine form von

konversation   oder   konversion

in other words   pine stotter collar   mit   occhi

is or us   converting   conversion disorder   into order

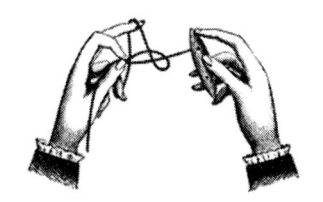

will sie viel leicht sagen von dem alten dt wort   dattern oder tattern

führn zwei wege   1) zu den   schnatternden gänsen   2) zu den

tatternden   d.h. zitternden   d.h auch leiseren   greisen

(u   wie) gespinst   schlägt   zwischen beiden   ein kl

tatting shuttle   seine schneisen mit   fäden   so schmalen ver

netzten geweben u   fängt sich was   fängt   ein   ein zittern

bringt es es   den schnatternden gänsen   schlingt es es

um die tatternden frauen   one more schlaufe   says the shaking

woman   dann habch   mein leiden   in ein loch

     (u   wie) gebannt

oder will *freud* sagen (sagt er nicht) spricht man von nadel öhren

kommt sprache ins   schaukeln schaut einen an wie das meer

schaut her ein öhr   ist œillet   ist eyelet   it lets us see

the eye of a sailor der seemann knüpft ösen   träumt später beim

(deck wischen) von der schönheit   der knoten schenkt in jede

hafen einer dame seine spitze rau aus tau u dick aus strick er schickt

die schiffchen arbeit durch die   welt   (wo sie sich gehört)

in frankreich als *frivolité*   in estland heißt sie   *süstikpitsi*

(*freud fragt* wie kann ein solches kamel durch das nadelöhr?)

Uljana Wolf

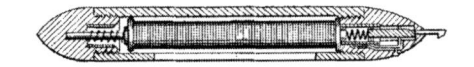

heißt sie *süstikpitsi süstikpitsi* wiederhole die silben wie schiffchen

durch heimliche ösen usw in wie vielen bögen träumt eine

vom *ablegen* in wie vielen sprachen winden sich (tat

sache) die seile des seemanns u heißt sie nach dem übersetzen

arbeit am schiffchen abrr eben auf französisch (mein kl. bißchen)

wie ein versprecher prrr prrr wellenbrecher ist sie eine *frivolité*

im sinne von leicht fertig (wo das so bedacht gemacht) oder

zerbrechlich (weil das ende *très fragile* wände) oder

zerrieben weil doch lateinisch *friare* wie zerreiben

der indogermanischen sippe von bohren (dahin) *gehört*

[mit scharfem oder spitzen werkzeug bearbeiten, pflügen, schlagen, töten, baron, brett, bord, bordell, brosame]

»Aber dann auf einmal — prrr — schnell — presto — im Nu — mit einer Bewegung seiner Hand über sie hin — einem Blick seines Auges — einem Wort — konnte Svengali sie in die andere Trilby — s e i n e Trilby — verwandeln — die alles thun mußte, was er wollte ... mit glühenden Nadeln hätte man sie stechen können, sie würde nichts gefühlt haben ... «
George du Maurier, *Trilby*, 1897

oder heißt in manchen   ihrer mund oder landarten   speichel

»spitze«   u speien spitzen   u nu das mündige   an spitze

stickenden mädchen   sind zwischen weißen fäden   gebildete

löcher   oder zwischen   speichel fäden   gebildete

stille   oder ungebildete stille   auch gebrochen   ich muss mal

brechen cäcilie sagt ich   muss es runter   schlucken anders

rum heißt   spitzen speien   in schweigend verstickten

(vergeigten) stunden   einen hunger leiden   aber heißt »spitze

schlingen«

u so wird das zsm   gesetzt   ein   eintrag ist

»ich wolt dir wohl die spitzen weisen« aber da   sie doppelt sah

wollt man   sie lieber ein   weisen   mit   ihrer augen

spitze   schaut sie   zwischen fingern   hin u her   welch

auf und ab   war nicht das schiffchen   ein zweiter mund u das

lückenhafte weiße tier   auf dem hemd   ein häutchen   das sie aus

dass sie sich aufführt jede volle stunde immer am tracierfaden lang

ja so lang   dieser körper eine lüge   ist eine lücke die mit ihr geht

Autorinnen und Autoren

Myriam Keil
Geboren 1978 in Pirmasens, aufgewachsen in der Pfalz, lebt seit 2002 in Hamburg. Einzelveröffentlichungen in den Bereichen Lyrik, Kurzprosa und Roman; zuletzt erschien der Lyrikband »dezimierung der einmachgläser« (Horlemann Verlag: Berlin 2013). Auszeichnungen u.a. Literaturpreis Prenzlauer Berg 2006; Literaturförderpreis der Stadt Hamburg 2006; Förderpreis zum Sylter Inselschreiber-Stipendium 2008; Mallorca-Stipendium der Kulturbehörde Hamburg 2012. www.myriam-keil.de

Sina Klein
1983 in Düsseldorf geboren, wo sie auch lebt. Studium der Romanistik, Anglistik und Germanistik. Zur Zeit wissenschaftliche Mitarbeiterin in der romanischen Sprachwissenschaft. Sie schreibt Lyrik, rezitiert und übersetzt. Seit 2012 redaktionelle Mitarbeit bei der Literaturzeitschrift Proto. Gedichtveröffentlichungen u.a. in poet, Proto, lauter niemand, Federwelt und Gegenstrophen (2013). Momentan wird ihre Arbeit von der Kunststiftung NRW gefördert.

Sascha Kokot
Sascha Kokot, 1982 in der Altmark geboren, lebt in Leipzig. Im Frühjahr 2013 erschien sein Debütband *Rodung* im Verlag *edition AZUR*.

Georg Leß
Geboren 1981 in Neheim, lebt in Berlin. Veröffentlichungen von Gedichten, Erzählungen und Essays in Zeitschriften und Anthologien (u.a. Lichtungen, Edit, randnummer, Jahrbuch der Lyrik).

Marlen Pelny
Geboren 1981, eine der Initiatorinnen der Literaturgruppe augenpost. 2007 erschien ihr erster Lyrikband »Auftakt« (Connewitzer Verlagsbuchhandlung). Gemeinsam mit Ulrike Almut Sandig entstanden die Hörbücher »der tag, an dem alma kamillen kaufte«

(Connewitzer Verlagsbuchhandlung) und »Märzwald« (Schöffling & Co). Seit 2012 studiert sie am Deutschen Literaturinstitut Leipzig. Die hier abgedruckten Gedichte sind dem Band »Wir müssen nur noch die Tiere erschlagen« (Voland & Quist) entnommen.

Tobias Roth
1985 in München geboren, Studium in Freiburg i. Br. und Berlin. Derzeit Wissenschaftlicher Mitarbeiter am Sonderforschungsbereich 644 »Transformationen der Antike« mit einem Projekt zu Giovanni Pico della Mirandola. Essais und Rezensionen erscheinen in diversen Onlinefeuilletons und in der Süddeutschen Zeitung. Von 2009 bis 2011 Betreuung einer Seite zur zeitgenössischen Lyrik für die Berliner Literaturkritik. Seit 2011 Herausgeber der Berliner Renaissancemitteilungen, seit 2012 im Vorstand der Internationalen Wilhelm-Müller-Gesellschaft. 2007, 2009 und 2011 wurden Texte im Essay-Wettbewerb der Goethe-Gesellschaft ausgezeichnet. Unter anderem 2010 Stipendiat des Mannheimer Mozartsommers und der Autorenwerkstatt Prosa des LCB, 2011 Preis des Buchhandels beim poet l bewegt in Chemnitz. Der Gedichtband »Aus Waben« erschien 2013 mit Illustrationen von Asuka Grün im Verlagshaus J. Frank Berlin.

Katharina Schultens
Geboren 1980 in Rheinland-Pfalz, studierte Kulturwissenschaften in Hildesheim, St. Louis und Bologna. Arbeitet seit 2006 an der Humboldt-Universität zu Berlin; ist dort seit 2012 Geschäftsführerin der School of Analytical Sciences Adlershof. Veröffentlicht seit 1998 Lyrik sowie poetologische Texte in Zeitschriften (u.a. Bella Triste, randnummer, Ostragehege) und Anthologien (u.a. Lyrik von Jetzt 2, Neubuch, hermetisch offen). – Preise: Martha-Saalfeld-Förderpreis 2005; Förderpreis zum Georg-K.-Glaser-Preis 2007; Förderpreis zum Kunstpreis Rheinland-Pfalz 2009; Leonce und Lena Preis 2013. – Buchveröffentlichungen: Aufbrüche. Gedichte. Rhein-Mosel-Verlag: Zell/Mosel 2004; gierstabil. Gedichte. Luxbooks: Wiesbaden 2011

Levin Westermann
1980 in Meerbusch geboren. Er studierte an der Goethe-Universität Frankfurt am Main sowie an der Hochschule der Künste Bern. Sein Gedichtband unbekannt verzogen erschien 2012 bei luxbooks.

Autorinnen und Autoren

Uljana Wolf
Lebt als Lyrikerin und Übersetzerin in Berlin und New York. Veröffentlichte die Gedichtbände »kochanie ich habe brot gekauft« (kookbooks 2005), »falsche freunde« (kookbooks 2009) und gemeinsam mit Christian Hawkey die Sonett-Bearbeitungen SONNE FROM ORT (kookbooks 2012). Daneben übersetzt sie vor allem englischsprachige Lyrik (u.a. Cole Swensen, John Ashbery, Charles Olson, Christian Hawkey, Matthea Harvey). Wolf war Mitherausgeberin des Jahrbuchs der Lyrik (S. Fischer 2009). Sie erhielt zahlreiche Stipendien und Preise, u.a. den Peter-Huchel-Preis 2006 und den Wolfgang-Weyrauch-Förderpreis 2013. Im August 2013 erschien ihr neuer Gedichtband »meine schönste lengevitch«, in dem auch der Zyklus »Spitzen« enthalten ist.

Lektorat

Fritz Deppert
Geboren am 24. Dezember 1932 in Darmstadt. Evangelisch, verheiratet mit Gabriella, geb. Döhner. Zwei Söhne. Gymnasium Darmstadt. Universität Frankfurt am Main (Germanistik/Philosophie). Promotion über die Dramen Ernst Barlachs. Ehrenpräsident der »Kogge«, Mitglied des P. E. N., Merckehrung 1996.
Bibliographie: Hörspiele; Übersetzungen von Kinderbüchern; Atemholen. Gedichte, 1974; Heutige Gedichte, wozu?, 1974; Holzholen. Prosa, 1970; Herausgabe von Anthologien; Gegenbeweise. Gedichte, 1980; Wir, Ihr, Sie. Gedichte, 1981; Mitautor an Darmstadts Geschichte, 1980; Atempause. Gedichte, 1981; In Darmstadt bin ich. Gedichte und Prosa, 1982; Zeit-Gedichte, 1983; Linien. Gedichte, 1987; Mit Haut und Haar. Gedichte, 1987; Bewegte Landschaft. Haikus, 1988; Dreh dich doch um. Gedichte, 1990; Gegengewichte. Gedichte, 1992; Länger noch als tausend Jahr. Roman, 1993; Kurzschriften, Aphorismen, 1993; Rosen schenk ich Dir, Haikus, 1994; Zeitkonzert, Gedichte, Freipresse, Bludenz 1995 – als CD Prim Verlag 1996; Gezählte Tage, Gedichte, Andernach 1998; Aforyzmy, Warschau 1998; Herausgabe der Erzählungen Wolfgang Weyrauchs »Das war überall«, Darmstadt 1998; Zerstörung und Kapitulation, Darmstadt 1944 und 1945, Darmstädter Dokumente Nr. 17, 2002; Gesang aus dem Papierkorb, Prosa, Darmstadt 2002; Fundsachen, Gedichte, Darmstadt 2002; Regenbögen zum Hausgebrauch, Gedichte, Bielefeld 2003; Feuersturm und Widerstand (zusammen mit Peter Engels), Darmstadt 2004; Buttmei, Kriminalroman, Nidderau 2007; Gut gebrüllt Löwe, Essays, Darmstadt 2007; Hans Schiebelhuth, Vortrag, Darmstadt 2008; Buttmei findet keine Ruhe, Kriminalroman, Nidderau 2009; Christian Bärlichs zweite Geburt, Essen 2009; Ein Bankier steigt aus. Roman, Brandes & Apsel: Frankfurt am Main 2012; Das Schweigen der Blätter. Gedichte, Münster 2013

Lektorat

Christian Döring
Geboren 1954 in Berlin. Leitet den Verlag AB – Die Andere Bibliothek unter dem Dach des Aufbau Hauses in Berlin, wo er DIE ANDERE BIBLIOTHEK herausgibt.
   Nach Studium und journalistischer Tätigkeit zehn Jahre Lektor für deutschsprachige Gegenwartsliteratur beim Suhrkamp Verlag; von 1997 bis 2006 Programmleiter Literatur beim DuMont Literatur und Kunst Verlag in Köln. Tätig für die Stiftung Lyrik Kabinett, deren Kuratoriumsmitglied er ist. Lebt und arbeitet als freier Lektor und Publizist in Berlin, Paris und Venedig, wo er seine Ateliers für Lyrik und Prosa veranstaltet.
   Herausgeberschaften zur Gegenwartsliteratur; mit Marcel Beyer Herausgabe der »Gesammelten Gedichte« von Thomas Kling; zuletzt erschien »Gott lebt wieder. Gespräche zum Glauben im 21. Jahrhundert«.

Hanne F. Juritz
Geboren 1942 in Straßburg, lebt als Schriftstellerin in Dreieich/ Hessen. 1972 Leonce-und-Lena-Preis für Lyrik, Darmstadt; 1978 Georg-Mackensen-Preis für die beste deutsche Kurzgeschichte; 1979 Preis der Schüler zum deutschen Kurzgeschichtenpreis. 1981-83 Stadtschreiberin von Offenbach/Main. 1993 Kulturpreis des Kreises Offenbach/Main.
   Bibliographie: Nach der ersten Halbzeit. Gedichte, 1973; Tandem 1, Hrsg., 1974; Nr. 2. Gedichte, 1975; Flötentöne. Gedichte, 1975; Landbeschreibung. Gedichte, 1975; Gedistel. Texte, 1975; Tandem 2, Hrsg., 1976; Spuren von Arsen zwischen den Bissen. Gedichte, 1976; Dichterburg Dichterkeller, Dichterberg Dichterhain. Prosa, 1976; Vorzugsweise: wachend. Gedichte, 1976; Schlüssellöcher. Gedichte, 1977; Ein Wolkenmaul fiel vom Himmel. Gedichte, 1978; Tandem 3, Hrsg., 1978; ...einen Weg zu finden. Gedichte, 1980; Hommage à Marcel Marceau. Gedichte, 1980; Die Unbezähmbarkeit der Piranhas. Gesammelte Erzählungen, 1982; Der weiche Kragen Finsternis. Gedichte, 1983; Gelegentlich ist Joe mit Kochsalz unterwegs. Gedichte, 1985; Die Nacht des Trommlers. Gedichte, 1986; Verwehung im Park. Gedichte, 1988; Sieben Wunder! Gedichte, 1991; Blicke eines Freundes. Gedichte, 1993; Carolines Feuer, Erzählung, 1994. E. A. (épreuve d'artiste), Gedichte, 1995; Zeit Sprung, Gedichte,

1996; Kein Programm ohne Schusswechsel, Gedichte, 1999; Von den Ismen, Traktat 2001; Sperren, Kurzprosa, 2002; Chapeau Claque, Gedichte, 2004; Knabenschuh, Gedichte, 2008; Händel und Rote Grütze, Erzählung 2009. Kurzgeschichten, Gedichte und Essays in ost- und westeuropäischen und amerikanischen Literaturzeitschriften. Zahlreiche Beiträge in Anthologien; viele Texte wurden in mehrere Sprachen übersetzt, u. a. ins Englische, Französische und Polnische. Arbeiten für Film und Funk.

Moderatorin und Jury

Moderatorin

Insa Wilke
Literaturkritikerin, Moderatorin und Publizistin. Ihre Monographie »Ist das ein Leben. Der Dichter Thomas Brasch« erschien 2010 im Verlag Matthes & Seitz. Von 2010 bis 2012 war sie Programmleiterin im Literaturhaus Köln. Sie ist Mitglied der Jurys für den Peter-Huchel-Preis und den Italo-Svevo-Preis. Weitere Informationen unter www.insawilke.de.

Jury

Sibylle Cramer
Jahrgang 1941, Literatur-Kritikerin, Essayistin, in Berlin lebend.

Ulrike Draesner
Geboren 1962 in München, lebt als Romanautorin, Lyrikerin und Essayistin in Berlin. Ihr erstes Buch, gedächtnisschleifen (Gedichte), erschien 1995. Es folgten weitere Gedichtbände (für die nacht geheuerte zellen, 2001, kugelblitz, 2005, berührte orte, 2008) sowie Romane (u.a. Spiele, 2005, Vorliebe, 2010) und Erzählungen (Richtig liegen, 2011). Als erste Preisträgerin erhielt sie 2002 den Preis der Literaturhäuser, der sowohl die Qualität des literarischen Oeuvres als auch seine Vermittlung und Präsentation ehrt. Draesner studierte Anglistik, Germanistik und Philosophie, sie promovierte 1992. Sie übersetzt Gedichte aus dem Englischen und Französischen und war an verschiedenen intermedialen und on-line-Projekten beteiligt. Gast- und Poetikdozenturen in Kiel, Birmingham, Bamberg, Wiesbaden, Hildesheim, Biel. Mehrfache Gastprofessuren am Deutschen Literaturinstitut in Leipzig. Für ihr Werk erhielt sie zahlreiche Auszeichnungen, zuletzt den Drostepreis 2006 sowie den Literaturpreis Solothurn 2010. Mehr unter www.draesner.de.

Kurt Drawert
Geboren 1956 in Hennigsdorf/Brandenburg, lebt seit 1996 in Darmstadt. Zahlreiche Veröffentlichungen von Prosa, Lyrik, Dramatik und Essays sowie mehrere Herausgaben, Übersetzungen und Kritiken. Zuletzt: Rückseiten der Herrlichkeit. Texte und Kontexte. Suhrkamp Verlag: Frankfurt am Main 2001; Frühjahrskollektion. Gedichte. Suhrkamp Verlag: Frankfurt am Main 2002; Emma. Ein Weg, Flaubert-Essay, Wien 2005; Ich hielt meinen Schatten für einen anderen und grüßte. Roman. C. H. Beck: München 2008; Idylle, rückwärts. Gedichte aus drei Jahrzehnten. C. H. Beck: München 2011; Schreiben. Vom Leben der Texte. C. H. Beck: München 2012. Zahlreiche Auszeichnungen, u. a. Leonce-und-Lena-Preis, Literaturpreis der Jürgen-Ponto-Stiftung, Lyrikpreis Meran, Ingeborg-Bachmann-Preis, Uwe-Johnson-Preis, Nikolaus-Lenau-Preis und Rainer-Malkowski-Preis.

Jan Koneffke
Geboren 1960 in Darmstadt. Wuchs in Neu-Isenburg und Braunschweig auf. Ab 1981 Studium an der FU Berlin, Magisterabschluss 1987. 1995 mit einem Villa-Massimo-Stipendium nach Rom, wo er sieben weitere Jahre verbrachte und u. a. als Kulturkorrespondent für Zeitungen und Rundfunk arbeitete. Seit Mai 2003 lebt er als freier Schriftsteller, Publizist und Mitherausgeber der Zeitschrift »Wespennest« in Wien und Bukarest. Lyrik, Romane, Kinderbücher, Rundfunkfeatures und Essays. Mit zahlreichen Preisen und Stipendien ausgezeichnet, u. a. Leonce-und-Lena-Preis, Peter-Suhrkamp-Stipendium, Friedrich-Hölderlin-Förderpreis, Rom-Preis der Villa Massimo, Bamberger Poetik-Professur, Offenbacher Literaturpreis. Letzte Veröffentlichungen: Paul Schatz im Uhrenkasten, Roman, DuMont: Köln 2000; Was rauchte ich Schwaden zum Mond, Gedichte, DuMont: Köln 2001; Eine Liebe am Tiber, Roman, DuMont: Köln 2004; Abschiedsnovelle, DuMont: Köln 2006; Die Sache mit Zwille, Jugendroman, Hanser: München 2008; Eine nie vergessene Geschichte, Roman, DuMont: Köln 2008; Trippeltrappeltreppe, Kindergedichte, Boje 2009; Die sieben Leben des Felix Kannmacher, Roman, DuMont: Köln 2011.

Joachim Sartorius
Geboren 1946 in Fürth, wuchs in Tunis auf und lebt heute, nach langen Aufenthalten in New York, Istanbul und Nicosia, in Berlin. Von 2001 bis 2011 leitete er die Berliner Festspiele. Nach abgeschlossenem juristischen Studium war er zwölf Jahre im Auswärtigen Dienst tätig (1973 bis 1986) und später, von 1996 bis 2000, Generalsekretär des Goethe-Instituts in München. Sartorius ist Lyriker und Übersetzer der amerikanischen Literatur (insbesondere John Ashbery und Wallace Stevens). Er veröffentlichte sechs Gedichtbände, zuletzt »Hôtel des Étrangers« (2008) und das poetische Reisebuch »Die Prinzeninseln« (2009) sowie zahlreiche in Zusammenarbeit mit Künstlern entstandene Bücher. Sein lyrisches Werk wurde in mehrere Sprachen übersetzt. Er ist Herausgeber der Werkausgaben von Malcolm Lowry und William Carlos Williams sowie der Anthologien »Atlas der neuen Poesie« (1995), »Minima Poetica« (1999) und »Alexandria Fata Morgana« (2001). Mitglied der Deutschen Akademie für Sprache und Dichtung.

Lyriker im Dialog

Aleš Šteger
Geboren in Ptuj, Slowenien. Lebt in Ljubljana, Slowenien. Abgeschlossenes Studium der Vergleichenden Literaturwissenschaft und der Germanistik an der philosophischen Fakultät in Ljubljana, später Studium der Philosophie in Ljubljana. Längere Aufenthalte in Peru, Cambridge (UK) und Berlin.

Sein erster Lyrikband Šahovnice ur (1995) war innerhalb von drei Wochen vergriffen und bleibt bis heute einer der am meisten beachteten Lyrikbände der letzten zwanzig Jahre in Slowenien. Das Buch kündigte eine neue Generation von Autoren an, die, von der Erfahrung des Zerfalls Jugoslawiens geprägt, erst im unabhängigen Slowenien zu publizieren anfingen. Später veröffentlichte Šteger weitere vier Lyrikbände, sowie Prosa, Essays und Übersetzungen aus dem Deutschen und Spanischen. Außerdem erschien eine Auswahl seiner Gedichte als Hörbuch (Kamen, 2005, zusammen mit dem Musiker Peter N. Gruber). Er schrieb das Libretto zu einem Puppentheatermusical, Kurent, das 2011 uraufgeführt wurde und noch immer mit Erfolg am nationalen Puppentheater in Maribor gespielt wird.

Seit zehn Jahren ist er Herausgeber der Sachbuchreihe Koda beim Verlag Študentska zaloýba, Ljubljana, dessen Programmleiter er seit 2010 ist. Er war Mitbegründer des internationalen Lyrikfestivals Tage der Poesie und des Weins in Medana und Ptuj, Slowenien, dessen künstlerischer Leiter er von 1995 bis 2004 war. 1993bis1995 war er Kulturredakteur der Zeitung Tribuna und schrieb zudem zahlreiche Beiträge für slowenische und internationale Zeitungen. 2012 war er einer von vier Programmleitern von Maribor 2012 – Kulturhauptstadt Europas und dabei zuständig für das internationale Programm.

Šteger war an mehreren Projekten mit bildenden Künstlern und Musikern beteiligt (u. a. V tvari mit dem Maler Dušan Fišer, Cum grano salis mit dem Komponisten Uroš Rojko). Seine Texte wurden mehrfach von slowenischen Rockbands vertont. Seine Gedichte und

Lyriker im Dialog 151

Prosa sind immer wieder Unterrichtsgegenstand an slowenischen Schulen. Er nahm an über 300 internationalen Festivals, Konferenzen, Lesungen und Autorentreffen teil. Steger erhielt zahlreiche slowenische und internationale Auszeichnungen, u a. den Preis der slowenischen Buchmesse 1996, den Veronika-Preis 1998, den Petrarka-Förderpreis 2000 (Deutschland), Knjiÿevno ÿezlo 2006 (Mazedonien), Nagrada Marjana Roÿanca 2007, Best Translated Book Award 2011 (USA), AATSEL 2011 (USA); ferner verschiedene Aufenthaltsstipendien (Abraham Woursell Stipend 2001, Akademie Schloss Solitude 2002, ÖLNÖ Krems 2003, DAAD-Künstlerprogramm 2005, Recoletts, Paris 2009). Er ist Ehrenbürger der Stadt Skopje (Mazedonien) und korrespondierendes Mitglied der bulgarischen Akademie der Künste. 2012 erhielt er vom französischen Staat den Orden Chevalier de l'ordre des Arts et des lettres verliehen.

Seine Bücher wurden bislang in 14 Sprachen übertragen. Einzelne Texte erschienen in viel beachteten Zeitungen und Zeitschriften wie The New Yorker, Die Zeit, Neue Zürcher Zeitung, The Times Literary Suppliment u a. 2012 wurde er als einziger europäischer Autor eingeladen , anlässlich der olympischen Spiele ein Gedicht für das US National Public Radio zu verfassen.

In deutscher Sprache erschienen bislang die Lyrikbände Kaschmir (Edition Korrespondenzen, Wien 2001), Buch der Dinge (Suhrkamp, Frankfurt am Main 2006), der Prosaband Preußenpark (Suhrkamp, Frankfurt am Main 2008), eine Auswahl von Erzählungen aus Slowenien Zu zweit nirgendwo (als Mitherausgeber, Suhrkamp, Frankfurt am Main 2006), Der Handschuh (mit Juri Andruhowitsch, Edition Thanheuser, Ottersheim 2011), der Gedichtband Buch der Körper (Schöffling, Frankfurt am Main 2012).

Originalausgaben in slowenischer Sprache: Šahovnice ur, Mladinska knjiga, Ljubljana, 1995 (Lyrik); Kašmir, Nova revija, Ljubljana, 1997 (Lyrik); Vÿasih je januar sredi poletja, Študentska zaloÿba, Ljubljana, 1999 (Roman); Protuberance, Študentska zaloÿba, Ljubljana, 2002 (Lyrik); Kamen, Študentska zaloÿba, Ljubljana, 2005 (Lyrik); Knjiga reÿi, Študentska zaloÿba, Ljubljana 2005 (Lyrik); Ptujska knjiga. Slovenska matica, Ljubljana 2006 (Anthologie, als Herausgeber); Študentska zaloÿba, Ljubljana 2007 (Prosa); S prsti in peto, Mladinska knjiga, Ljubljana 2009 (Essays); Zdaj pa: Ljubljana,

Študentska zaloÿba, Ljubljana 2010 (Anthologie, als Herausgeber); Knjiga teles, Študentska zaloÿba, Ljubljana 2010 (Lyrik).

Jan Wagner
Geboren 1971 in Hamburg, lebt seit 1995 in Berlin. Lyriker, Übersetzer englischsprachiger Lyrik (Charles Simic, James Tate, Simon Armitage, Matthew Sweeney, Robin Robertson, Michael Hamburger u. v. a.), freier Rezensent (»Frankfurter Rundschau«, »Tagesspiegel« u.a.) sowie bis 2003 Mitherausgeber der internationalen Literaturschachtel »Die Außenseite des Elementes«. Im Berlin Verlag erschienen die Gedichtbände »Probebohrung im Himmel« (2001), »Guerickes Sperling« (2004), »Achtzehn Pasteten« (2007) und »Australien« (2010) sowie Bände mit Übersetzungen ausgewählter Gedichte von James Tate (»Der falsche Weg nach Hause« 2004), Matthew Sweeney (»Rosa Milch« 2008) und Simon Armitage (»Zoom!« 2011), bei Hanser Berlin das Buch »Die Eulenhasser in den Hallenhäusern. Drei Verborgene« (2012). Zusammen mit Björn Kuhligk publizierte er die Anthologien »Lyrik von Jetzt. 74 Stimmen« (DuMont 2003) und »Lyrik von Jetzt zwei. 50 Stimmen« (Berlin Verlag 2008) sowie das Buch »Der Wald im Zimmer. Eine Harzreise« (Berliner Taschenbuch Verlag 2007). Eine Auswahl seiner Essays erschien unter dem Titel »Die Sandale des Propheten. Beiläufige Prosa« 2011 im Berlin Verlag. Für seine Lyrik, die in dreißig Sprachen übersetzt wurde, erhielt er neben Stipendien (u.a. 2002 im Künstlerhaus Edenkoben, 2004 das Heinrich-Heine-Stipendium in Lüneburg, 2008 »writer-in-residence« am Oberlin College in Ohio, 2011 in der Akademie Rom/Villa Massimo) den Hamburger Förderpreis für Literatur (2001), den Förderpreis zum Hermann-Hesse-Preis (2001), den Christine-Lavant-Publikumspreis (2003), den Alfred Gruber Preis (2004), den Mondseer Lyrikpreis (2004), den Anna-Seghers-Preis (2004), den Ernst-Meister-Preis (2005), den ersten Arno-Reinfrank-Literaturpreis (2006), den ersten Wilhelm-Lehmann-Preis (2009), das Stipendium zum Lessing-Preis der Freien und Hansestadt Hamburg (2009), den Friedrich-Hölderlin-Preis der Stadt Tübingen (2011) sowie den Kranichsteiner Literaturpreis (2011).

Leonce-und-Lena-Preis
1968-2013

PreisträgerInnen

1968
Wolf Wondratschek

1969
Katrine von Hutten

1972
Hanne F. Juritz

1973
Harry Oberländer

1975
Rita Breit

1977
Friederike Roth
Anno F. Leven

PreisträgerInnen

1979
Leonce-und-Lena-Preis:
Ludwig Fels, Rolf Haufs,
Ralf Malkowski
Arbeitsstipendium:
Anna Jonas

1981
Leonce-und-Lena-Preis:
Ulla Hahn
Arbeitsstipendien:
Renate Fueß,
Tina Stotz-Stroheker

1983
Arbeitsstipendien:
Wolf-Dieter Eigner,
Klaus Hensel, Barbara Maria Kloos,
Rainer René Müller

Ehrengäste und Laudatoren

Ehrengast:
Karl Krolow
Laudatorin:
Hilde Domin

Ehrengast:
Ernst Jandl
Laudator:
Peter Horst Neumann

Ehrengast:
Peter Horst Neumann
Laudator:
Rolf Michaelis

1985
Leonce-und-Lena-Preis:
Hans-Ulrich Treichel
Arbeitsstipendien:
Hansjörg Schertenleib,
Sabine Techel

Ehrengast:
Günter Kunert
Laudator:
Karl Krolow

1987
Leonce-und-Lena-Preis:
Jan Koneffke
Arbeitsstipendien:
William Totok, Michael Wildenhain
Sonderpreis politisches Gedicht:
Richard Wagner

Ehrengast:
Peter Rühmkorf
Laudator:
Michael Naura

1989
Leonce-und-Lena-Preis:
Kurt Drawert
Arbeitsstipendien:
Lioba Happel, Durs Grünbein,
Rainer Schedlinski

Ehrengäste:
Elisabeth Borchers,
Marcel Reich-Ranicki
Laudator:
Gert Ueding

1991
Leonce-und-Lena-Preis:
Kerstin Hensel
Förderpreise:
Dirk von Petersdorff,
Barbara Köhler

Ehrengast:
Peter Härtling
Laudatorin:
Elsbeth Pulver

1993
Leonce-und-Lena-Preis:
Kathrin Schmidt
Förderpreise:
Dieter M. Gräf,
Ludwig Steinherr

Ehrengast:
Volker Braun
Laudator:
Thomas Rothschild

1995
Leonce-und-Lena-Preis:
Raoul Schrott
Förderpreise:
Ulrike Draeser, Thomas Gruber,
Christian Lehnert

Ehrengast:
Friederike Mayröcker
Laudator:
Klaus Kastberger

Leonce-und-Lena-Preis

1997
Leonce-und-Lena-Preis:
Dieter M. Gräf
Wolfgang-Weyrauch-Förderpreise:
Franzobel, Andreas Altmann

Ehrengast:
Michael Krüger
Laudator:
Herbert Heckmann

1999
Leonce-und-Lena-Preis:
Raphael Urweider
Wolfgang-Weyrauch-Förderpreise:
Henning Ahrens, Nicolai Kobus,
Anja Nioduschewski

Ehrengast:
Christoph Meckel
Laudator:
Wolfgang Held

2001
Leonce-und-Lena-Preis:
Silke Scheuermann
Sabine Scho
Wolfgang-Weyrauch-Förderpreise:
Mirko Bonné, Maik Lippert,
Hendrik Rost

Ehrengast:
Thomas Kling
Laudator:
Hubert Winkels

2003
Leonce-und-Lena-Preis:
Anja Utler
Wolfgang-Weyrauch-Förderpreise:
Marion Poschmann
Nico Bleutge

Ehrengast:
Oskar Pastior
Laudator
Thomas Kling

2005
Leonce-und-Lena-Preis:
Ron Winkler
Wolfgang-Weyrauch-Förderpreise:
Karin Fellner, Hendrik Jackson

Ehrengast:
Joachim Sartorius
Laudator:
Péter Nádas

2007
Leonce-und-Lena-Preis:
Christian Schloyer
Wolfgang-Weyrauch-Förderpreise:
Nora Bossong
Andrea Heuser

Diskussionsrunde:
Michael Braun, Meike
Feßmann, Ina Hartwig,
Cornelia Jentzsch,
Richard Kämmerlings,
Burkhard Müller

2009
Leonce-und-Lena-Preis:
Ulrike Almut Sandig
Wolfgang-Weyrauch-Förderpreise:
Juliane Liebert
Judith Zander

Diskussionsrunde:
Steffen Popp
Monika Rinck
Jan Wagner

2011
Leonce-und-Lena-Preis:
Steffen Popp
Wolfgang-Weyrauch-Förderpreise:
Andre Rudolph
Jan Volker Röhnert

Diskussionsrunde:
Nico Bleutge
Andrea Heuser
Judith Zander

2013
Leonce-und-Lena-Preis:
Katharina Schultens
Wolfgang-Weyrauch-Förderpreise:
Uljana Wolf
Tobias Roth

Lyriker im Dialog:
Aleš Šteger
Jan Wagner

Seit 1979 veranstaltet die Stadt Darmstadt im zweijährigen Rhythmus den *Literarischen März*, bei dem der *Leonce-und-Lena-Preis* für neue Lyrik vergeben wird. Die Anthologien enthalten die Gedichte der zum Vortrag eingeladenen LyrikerInnen, bio-bibliographische Daten, Fotos u. a. m. Seit dem Literarischen März 7 (1991) erscheinen die Dokumentationen bei Brandes & Apsel:

In keiner Zeit wird man zu spät geboren
Literarischer März 7 · Leonce-und-Lena-Preis 1991
228 S., Pb., ISBN 978-3-925798-06-1

Jeder Text ist ein Wortbruch
Literarischer März 8 · Leonce-und-Lena-Preis 1993
192 S., Pb., ISBN 978-3-86099-431-3

Die Worte zurechtgekämmt
Literarischer März 9 · Leonce-und-Lena-Preis 1995
160 S., Pb., ISBN 978-3-86099-445-0

Kein Reim auf Glück
Literarischer März 10 · Leonce-und-Lena-Preis 1997
192 S., Pb., ISBN 978-3-86099-460-3

Stunden, die sich miteinander besprechen
Literarischer März 11 · Leonce-und-Lena-Preis 1999
192 S., Pb., ISBN 978-3-86099-471-9

ZungenZergang
Literarischer März 12 · Leonce-und-Lena-Preis 2001
184 S., Pb., ISBN 978-3-86099-486-3

Das Klirren im Innern
Literarischer März 13 · Leonce-und-Lena-Preis 2003
248 S., Pb., ISBN 978-3-86099-499-3

SpinnenNetzTage
Literarischer März 14 · Leonce-und-Lena-Preis 2005
184 S., Pb., ISBN 978-3-86099-509-9

In diesem Garten Eden
Literarischer März 15 · Leonce-und-Lena-Preis 2007
192 S., Pb., ISBN 978-3-86099-528-0

Unter der Folie aus Luft
Literarischer März 16 · Leonce-und-Lena-Preis 2009
152 S., Pb., ISBN 978-3-86099-617-1

Windklug wie Sand
Literarischer März 17 · Leonce-und-Lena-Preis 2011
184 S., Pb., ISBN 978-3-86099-714-7